Leitfaden für den öffentlichen Dienst

Kostenrechnung in der öffentlichen Verwaltung

von

Dr. Lothar Wilmer
Verwaltungsdirektor im Schuldienst

MAXIMILIAN-VERLAG · HERFORD

Wilmer, Lothar
Kostenrechnung in der öffentlichen Verwaltung
1. Auflage, 1979, 120 Seiten

ISBN 3 7869 0109 0
© 1979 by Maximilian-Verlag Herford
Alle Rechte vorbehalten
Gesamtherstellung:
Druckerei F. L. Wagener, Lemgo
Umschlaggestaltung:
Ernst A. Eberhard, Bad Salzuflen
Printed in Germany

Inhaltsverzeichnis

	Einleitung	5
1	**Kostenrechnungen in der öffentlichen Verwaltung**	7
1.1	Einordnung der kostenrechnenden Systeme in das Rechnungswesen der Betriebe	7
1.1.1	Kostenrechnung auf der Grundlage der Kameralistik	8
1.1.2	Kostenrechnung auf der Grundlage der kaufmännischen Buchführung	8
1.2	Unterschiedliche Ausgangslage für die Kostenrechnung im Bereich der öffentlichen Verwaltung	8
1.2.1	Eigenbetriebe und Unternehmungen der öffentlichen Hand	9
1.2.2	Kostenrechnende Einrichtungen	11
1.3	Wachsende Bedeutung der Kostenrechnung in Organisationseinheiten mit typischem Betriebscharakter	11
1.4	Kalkulationsarten	12
1.4.1	Kostenkalkulation – Preiskalkulation	12
1.4.2	Einzel-, Gruppen- und Gesamtkalkulation	13
1.4.3	Vor-, Zwischen- und Nachkalkulation	14
2	**Die Leistung der grundlegenden Rechnungssysteme für die Kostenrechnung**	15
2.1	Die vorbereitende Funktion der kaufmännischen Buchführung	15
2.1.1	Die Bestandskosten (Bilanzkosten)	16
2.1.2	Die Erfolgskonten	26
2.1.2.1	Zweckaufwendungen und Zweckverträge	30
2.1.2.2	Neutrale Aufwendungen und neutrale Erträge	31
2.1.3	Die Ordnungsfunktion des Kontenrahmens	32
2.1.4	Die Erfassung der Abschreibung	33
2.2	Die Aufbereitung der Kameralistik für Zwecke der Erweiterten Kameralistik	37
2.2.1	Die Vermögensrechnung	38
2.2.2	Die neutrale Rechnung	38
2.2.3	Die Wirtschaftsrechnung (Kosten- und Erlösrechnung)	39
2.3	Strukturelle Unterschiede zwischen kaufmännischer Buchführung und Kameralistik	41
3	**Begriffliche Abgrenzungen**	42
3.1	Ausgaben – Aufwendungen – Kosten	42
3.2	Einnahmen – Erträge – Erlöse	44
3.3	Herstellungskosten – Selbstkosten	45

4	**Die Erfassung der Kosten**	46
4.1	Fixe Kosten – variable Kosten	46
4.2	Einzel- und Gemeinkosten	48
4.3	Kalkulatorische Abschreibungen	50
4.4	Kalkulatorische Zinsen	53
4.5	Die Veranschlagung der kalkulatorischen Kosten in der Kameralistik	56
5	**Die Bedeutung des Gewinns für den Kostenrechner**	58
5.1	Zum Begriff Gewinn	58
5.2	Entstehung des Gewinns im Rechnungswesen	58
5.3	Gewinn als Vermögenszuwachs	59
5.4	Elemente des Gewinns	60
5.4.1	Erwerbswirtschaft	60
5.4.2	Gewinnauftrag der Eigenbetriebe und der wirtschaftlichen Unternehmungen der Gemeinde	60
5.4.3	»Gewinnauftrag« der kostenrechnenden Einrichtungen	61
5.5	Verwendung des Gewinns	62
6	**Aufbau der Kostenrechnung**	63
6.1	Kostenartenrechnung	63
6.2	Kostenstellenrechnung	66
6.3	Kostenträgerrechnung	73
6.3.1	Divisionskalkulation	74
6.3.2	Äquivalenzziffernrechnung	75
6.3.3	Betriebsabrechnungsbogen und Zuschlagskalkulation	77
6.3.4	Betriebsabschlußbogen	80
7	**Aufgaben der Kostenrechnung**	82
7.1	Aufgaben der Kostenrechnung auf der Grundlage der kaufmännischen Buchführung (Eigenbetriebe und Eigengesellschaften)	82
7.1.1	Erfassung der Kosten	82
7.1.2	Ermittlung der Selbstkosten	82
7.1.3	Kontrolle des Betriebsgebarens	83
7.1.4	Hilfe bei der Planung	83
7.2	Ziele der betrieblichen Tätigkeit	84
7.2.1	Rentabilität	84
7.2.2	Wirtschaftlichkeit	84
7.2.3	Produktivität	85
7.2.4	Liquidität	85
7.3	Aufgaben der Erweiterten Kameralistik (kostenr. Einrichtungen)	86
7.4	Ergebnisse des Betriebsabschlußbogens in der Erweiterten Kameralistik	88
8	**Aufgaben und Übungen**	92
8.1	Lernzielfragen und Lernziele zu den einzelnen Kapiteln	92
8.2	Übungsaufgaben	99
8.3	Lösungen	105
8.4	Beispiel eines Betriebsabschlußbogens für den Vieh- und Schlachthof (gekürzt)	111
	Literatur- und Quellennachweis	115
	Register	116

Einleitung

In der öffentlichen Verwaltung wächst das Interesse an Fragen der Betriebsabrechnung. Kostenrechnerische Grundeinsichten müssen daher verstärkt vermittelt werden, damit das Bewußtsein für wirtschaftliches Verhalten geschärft wird. Kostendeckende Gebühren, wie der Gesetzgeber sie fordert, lassen sich nicht unmittelbar aus der Kameralistik ableiten. Ein kostenrechnerisches Instrumentarium bietet hier Hilfe an.

Man trifft im Bereich der öffentlichen Verwaltung sowohl die Kostenrechnung an, die auf der Kameralistik aufbaut, als auch diejenige, die von der kaufmännischen Buchführung ausgeht. Manche Aussagen der beiden kostenrechnerischen Verfahren stimmen überein, eine Reihe abweichender Ergebnisse ist für das eine oder andere Rechnungssystem typisch.

Dieses Buch versteht sich als eine Einführung und wendet sich zum einen an Lernende, die einen Eindruck von Wesen, Umfang und Bedeutung der Kostenrechnung der öffentlichen Verwaltung gewinnen wollen. Zum anderen ist es auch für die Verwaltungspraxis gedacht. Die Praktiker, die mit spezifisch kostenrechnerischen Problemen in Berührung kommen, benötigen ein entsprechendes Grundwissen. Auch ihnen sollen die Ausführungen Orientierung und Wegweiser sein.

Hagen, im Juli 1979   Dr. Lothar Wilmer

1 Kostenrechnung in der öffentlichen Verwaltung

Noch zu Beginn dieses Jahrhunderts war öffentliche Verwaltung in starkem Maße als Eingriffs- oder Ordnungsverwaltung gekennzeichnet. Wäre in der Grundstruktur der Verwaltungstätigkeit keine Änderung eingetreten, hätte die Kostenrechnung in dieser Dienstleistungssparte kaum eine Bedeutung erlangen können.

Inzwischen hat jedoch die Leistungsverwaltung, speziell in den Kommunen, einen überproportional großen Umfang angenommen. Man denke an den
sozialen Sektor, beispielsweise an die Trägerschaft von Kinder-, Jugend-, Altenheimen und Pflegestätten;
kulturellen Bereich, z. B. Einrichtung und Unterhaltung von Bibliotheken, Lesesälen, Theatern, Orchestern, Museen;
hygienischen Sektor, z. B. Kanalisation, Straßenreinigung, Müllbeseitigung, Schlachthöfe;
Gesundheitsdienst, wie Gesundheitsvorsorge-Einrichtungen, Krankenhäuser, Sportplätze, Sporthallen, Parks, öffentliche Grünanlagen;
wirtschaftlichen Bereich, z. B. an die Versorgung mit Gas, Wasser, Elektrizität, Fernwärme und an die Verkehrseinrichtungen wie Straßenbahnen, Omnibusse, Hafenbetriebe oder an die kreditwirtschaftlichen Leistungen der Sparkassen.

Diese Entwicklung brachte es mit sich, daß in zunehmendem Maße festgestellt werden mußte, was die einzelne Leistung, die abgegeben werden soll, kostet. Damit wird erkennbar, daß eine Kostenrechnung in dem Sektor der Leistungsverwaltung durchaus angebracht, teilweise sogar zwingend notwendig ist.

1.1 Einordnung der kostenrechnenden Systeme in das Rechnungswesen der Betriebe

Kostenrechnungen stellen keine Grundsysteme, sondern Aufbausysteme dar. Das Rechnungswesen der Betriebe ist mithin in der Regel in zwei selbständige Teile zu gliedern: in das grundlegende und das aufbauende System.

1.1.1 Kostenrechnung auf der Grundlage der Kameralistik

Das grundlegende Rechnungssystem für Kommunen und kommunale Verbände ist im Normalfall die Kameralistik (= Haushaltswirtschaft). Die Kostenrechnung, die hiervon ausgeht, wird Erweiterte Kameralistik genannt.

Das Grundsystem zu führen wird den juristischen Personen des öffentlichen Rechts durch Gesetz zur Pflicht gemacht. Ein unmittelbarer Zwang, eine Erweiterte Kameralistik anzuwenden, besteht dagegen nicht. Der Gesetz- oder Verordnungsgeber läßt wohl in einigen Formulierungen anklingen, daß er eine Kostenrechnung für bestimmte Organisationseinheiten mit typischem Betriebscharakter erwartet.

Während die Kameralistik die Finanzgebarung für den Gesamtbetrieb, z. B. für die Gesamtverwaltung, erfaßt, ist die Erweiterte Kameralistik nur in Teilbereichen der Verwaltung zu finden.

1.1.2 Kostenrechnung auf der Grundlage der kaufmännischen Buchführung

Das Rechnungswesen einer wirtschaftlichen Unternehmung der Gemeinde setzt sich normalerweise aus der doppelten kaufmännischen Buchführung (= Doppik) und der Kostenrechnung, die bestimmte Werte der Doppik neben anderen weiter verarbeitet, zusammen.

Auch hier ist den Unternehmungen, die häufig in Unternehmungsformen nach dem Handelsrecht geführt werden, die doppelte kaufmännische Buchführung zwingend vorgeschrieben (Handelsrecht, Steuerrecht). Eine Kostenrechnung verlangt der Gesetzgeber von den Unternehmungen in der Regel nicht.

Um die Kosten ermitteln und kontrollieren zu können, wird es in ihrem eigenen Interesse liegen, dieses Aufbausystem anzuwenden. Die Kostenrechnung wird auf alle Produktionen des Betriebes ausgedehnt. Somit wird der Gesamtbetrieb durch die kaufmännische Buchführung und durch die Kostenrechnung erfaßt.

1.2 Unterschiedliche Ausgangslage für die Kostenrechnung im Bereich der öffentlichen Verwaltung

Wer für eine Organisationseinheit der Verwaltung eine Kostenrechnung einrichten will, muß zunächst einmal klären, welches Basissystem an dieser Stelle Anwendung findet.

Ursprünglich war eine Kostenrechnung im Bereich der Verwaltung nur an den Stellen denkbar, wo in einem Betrieb oder in einer Unternehmung eine kaufmännische Buchführung herrschte. Denn die kaufmännische Buchführung und die Kostenrechnung sind »Abkömmlinge« der Betriebswirtschaftslehre und stehen zueinander in Beziehung.

Grundlegende Forschungen für beide Teile des Rechnungswesens gingen von dem Kölner Betriebswirt Prof. Schmalenbach aus. Vor dem Zweiten Weltkrieg waren wesentliche Forschungsergebnisse in die wirtschaftliche Praxis umgesetzt worden. Sie schlugen sich einerseits nieder in den Buchführungsrichtlinien von 1937 und in den Allgemeinen Grundsätzen der Kostenrechnung von 1939, beide erlassen vom Reichswirtschaftsminister.
Sollte nach dem Zweiten Weltkrieg bis Mitte der fünfziger Jahre in einer Organisationseinheit der Verwaltung, die durch die Kameralistik erfaßt wurde, z. B. im städtischen Fuhrpark, eine Kostenrechnung entwickelt werden, wurden zunächst alle kameralistischen Posten in die kaufmännische Buchführung übertragen, um von diesem Fundament aus das in der Privatwirtschaft übliche kostenrechnende System aufzubauen. Es war ein umständlicher Weg, wenn man bedenkt, daß man insgesamt drei verschiedene Rechnungssysteme bemühen mußte, um an das gesteckte Ziel zu gelangen.
Eine Abkehr von diesen umständlichen Praktiken bahnte sich an, als es Mitte der fünfziger Jahre, ausgehend vor allem vom Krankenhaus Lüdenscheid, gelang, unmittelbar aus der Kameralistik ein neues kostenrechnendes System abzuleiten. Es entstand hiermit die Erweiterte Kameralistik. Wie die Bezeichnung verdeutlicht, wurde das kameralistische Rechnungswesen erweitert, und zwar um Aussagen der Kostenrechnung.
Wollte man kostendeckende Gebühren ermitteln, war dieser Forderung nicht dadurch Genüge getan, daß man die Kosten der spezifischen Leistungen feststellen konnte. Zugleich mußte man die Erlöse in die Rechnung einbeziehen, was für die Kostenrechnung als Teil des privatwirtschaftlichen Rechnungssystems völlig undenkbar ist. Im wahren Sinne des Wortes handelt es sich hier um eine reine Kostenrechnung, während die Erweiterte Kameralistik ihrer Struktur nach eine Kosten- und Erlösrechnung darstellt. Die privatwirtschaftliche Kostenrechnung verzichtet auf die Erlöse, weil diese unmittelbar der kaufmännischen Buchführung entnommen werden können – im Gegensatz zu den Kosten, die nicht restlos in der kaufmännischen Buchführung erfaßt sind, weil eine Reihe kalkulatorischer Posten hier nicht berücksichtigt wird.
Somit ist die Erweiterte Kameralistik als ein Mixtum verschiedener Rechnungssysteme anzusehen: Sie basiert auf (1) der Kameralistik, mit der (2) kaufmännischen Buchführung hat sie die Erlösrechnung gemeinsam, und die meisten Parallelen bestehen zwischen ihr und (3) der Kostenrechnung.

1.2.1 Eigenbetriebe und Unternehmungen der öffentlichen Hand

Die Vorschriften für das Rechnungswesen der Eigenbetriebe stehen in § 12 EigVO NW: »Das Rechnungswesen des Eigenbetriebs umfaßt ... die Buchführung, den Jahresabschluß, den Jahresbericht und die Selbstkostenrechnung.« Den Begriff Buchführung könnte man als Verwaltungsbuch-

führung oder als kaufmännische Buchführung deuten. Dennoch wäre es aufgrund der zitierten Aussage möglich, entweder nach dem kameralistischen oder nach dem kaufmännischen System Rechnung zu legen.
Daß die Kameralistik in der Praxis wohl nicht angewandt wird, läßt sich aus anderen Vorschriften unschwer erkennen. § 9 a.a.O. sagt aus, daß im Jahresabschluß die gesamten Erträge und Aufwendungen ordnungsgemäß und stichtaggerecht anzusetzen sind. § 9 Abs. 5 erwähnt den Rücklagenbegriff. In den Ausführungsbestimmungen hierzu heißt es: »Der in der Eigenbetriebsverordnung verwandte Rücklagenbegriff ist ein anderer als der Rücklagenbegriff des Haushaltsrechts.« Bei dem erstgenannten handelt es sich um Posten der Passivseite der Bilanz, die ihre Deckung im Vermögen des Betriebs finden, d. h. auf der Aktivseite der Bilanz, während bei dem zweitgenannten die Ansammlung und Bereitstellung von Geldmitteln in Form besonderer Fonds gemeint sind. Auch die Erklärung des Jahresgewinns in diesem Zusammenhang als Unterschied der Erträge und Aufwendungen, wobei die Erträge höher liegen als die Aufwendungen, ist ein untrügliches Merkmal für die doppelte Buchführung.
Es erübrigt sich, weitere Zeugnisse dafür zu suchen, daß Eigenbetriebe die kaufmännische Buchführung anwenden.
Darüber hinaus ist für Eigenbetriebe typisch und für diesen Teil der Gemeindewirtschaft einmalig, daß der Verordnungsgeber ihnen eine Kostenrechnung zur Pflicht macht[1].
Eigenbetriebe unterscheiden sich von wirtschaftlichen Unternehmen der Gemeinde dadurch, daß jene nur wirtschaftlich und diese rechtlich sowie wirtschaftlich selbständig sind. Eigenbetriebe haben daher keine eigene Rechtsnatur, sie sind rechtlich nur eine Gliederung der Trägerkörperschaft, während die Unternehmungen juristische Personen sind. Diese werden i. d. R. nach Handelsrecht als Gesellschaft mit beschränkter Haftung oder als Aktiengesellschaft geführt[2].
Das Handelsrecht schreibt allen Unternehmensformen bindend die kaufmännische Buchführung vor. § 95 GO definiert gleichlautend wie § 9 EigVO die Entstehung des Jahresgewinns. Damit wird im Gemeinderecht bestätigt, welche Form des Rechnungswesens angewendet wird.
Eine Kostenrechnung zu betreiben wird den Unternehmungen nicht ausdrücklich auferlegt. Trotzdem bedienen sich diese Einrichtungen normalerweise bestimmter Verfahren der Kostenrechnung, um richtige Kostenentscheidungen treffen zu können.

---

1 In der neuen Buchführungsverordnung für Krankenhäuser sind die kaufmännische Buchführung und die Kostenrechnung als obligatorische Teile des Rechnungswesens vorgesehen.
2 Die Sparkassen als Unternehmungen der Gemeinde sind in NW ausschließlich Anstalten des öffentlichen Rechts (§ 2 SpkG NW von 1970).

1.2.2 Kostenrechnende Einrichtungen

Eine Begriffsbestimmung für kostenrechnende Einrichtungen findet sich in § 12 GemHVO. Organisationseinheiten der Kommunalverwaltung zählen hierzu, »die in der Regel und überwiegend aus Entgelten finanziert werden«. Diese Einrichtungen, für die früher der Terminus »Gebührenhaushalte« üblich war, werden in der genannten Verordnung nicht ausdrücklich verpflichtet, eine Kostenrechnung zu führen. Die Bezeichnung »kostenrechnende Einrichtungen« läßt die Erwartung erkennen, die der Verordnungsgeber hegt, daß nämlich in der Praxis kostenrechnende Methoden beachtet werden. Anders wird man das Prinzip der Kostendeckung nach § 6 KAG nicht verwirklichen können, denn eine Gegenüberstellung von Einnahmen und Ausgaben und deren Ausgleich, wie die Kameralistik für alle Organisationseinheiten anstrebt, ist nicht identisch mit Kosten, die den Erlösen entsprechen.

Man darf sich bei diesen Einrichtungen daher nicht von dem Einnahme-/Ausgabegebaren leiten lassen, sondern man muß betriebswirtschaftliches Denken in Kategorien von Aufwendungen und Erträgen sowie Kosten und Erlösen hier einbringen, m. a. W.: Die Kameralistik muß erweitert werden.

Zu den kostenrechnenden Einrichtungen gehören insbesondere Krankenhäuser, Pflegeheime, Sportstätten, Badeanstalten, Straßenreinigung, Entwässerung, Müllbeseitigung, Schlacht- und Viehhöfe.

1.3 Wachsende Bedeutung der Kostenrechnung in Organisationseinheiten mit typischem Betriebscharakter

Die Kommunale Gemeinschaftsstelle für Verwaltungsvereinfachung (KGSt) weist in ihren Gutachten nach, daß die Kostenrechnung in der kommunalen Praxis in den letzten zwei Jahrzehnten erhebliche Fortschritte gemacht hat. Sowohl die Zahl der Gemeinden hat zugenommen, die sich dieses Rechnungssystems bedienen, als auch die Verwaltungsbereiche innerhalb einer Gemeinde, die zusätzlich eine Kostenrechnung aufgenommen haben. Offensichtlich hat sich das Interesse der Gemeinden verstärkt, betriebswirtschaftliches Denken und Handeln in der Verwaltung zu fördern.

Dabei muß beachtet werden, daß das anvisierte Ziel, mit Hilfe dieses Rechnungssystems z. B. eine Kostendeckung zu erreichen, nicht übereinstimmt mit dem tatsächlich erwirtschafteten Erfolg. Wer Kostendeckung anstrebt und nicht erreicht, könnte einen Betriebsgewinn erzielt oder statt dessen einen Betriebsverlust erlitten haben. Auch das Bild der einzelnen Organisationseinheit in der kommunalen Praxis ist recht uneinheitlich. Der Schlacht- und Viehhof könnte in der Gemeinde A eine Zuschuß-, in der Gemeinde B eine Kostendeckungs- und in der Gemeinde C eine Überschußwirtschaft sein.

Als Organisationseinheiten mit typischem Betriebscharakter werden *die* Einrichtungen bezeichnet, bei denen etwa folgende vier Merkmale erfüllt sind:
1. Die Güterproduktion dient überwiegend der Befriedigung von Gemeinschaftsbedürfnissen.
2. Die Güterproduktion ist entweder auch durch private Unternehmer möglich oder zumindest mit der Produktion der Privatwirtschaft vergleichbar.
3. Der Absatz der Güter erfolgt gegen Entgelt, wobei unerheblich ist, ob es öffentlich-rechtlicher oder privat-rechtlicher Natur ist.
4. In versteckter oder offener Form wird i. d. R. eine Überschuß- oder eine Gewinnerwartung gehegt.

Daß sich in Eigenbetrieben und Eigengesellschaften die Kostenrechnung durchgesetzt hat, steht außer Zweifel. Daneben breitet sich die Erweiterte Kameralistik als Aufbausystem der Kameralistik in bestimmten Organisationseinheiten mit typischem Betriebscharakter weiter aus. »Immerhin handelt es sich bei der Erweiterten Kameralistik um ein aus der Praxis entwickeltes System, das in zahlreichen Verwaltungen aller Größenklassen im gesamten Bundesgebiet seine Bewährung bewiesen hat.«[3]

1.4 Kalkulationsarten

Der Begriff Kostenrechnung taucht einerseits im weiteren und andererseits im engeren Sinne auf. Kostenrechnung i. w. S. umfaßt alle kostenrechnenden Systeme. Kostenrechnung i. e. S. meint das in Privatwirtschaft sowie in Betrieben und Unternehmungen der öffentlichen Hand gebräuchliche Aufbausystem der kaufmännischen Buchprüfung. Erweiterte Kameralistik dagegen ist ein entsprechendes Verfahren, das zumeist in kostenrechnenden Einrichtungen der Gemeinde anzutreffen ist.

Für Kostenrechnung i. w. S. werden synonyme Begriffe verwandt wie Betriebsbuchführung, Betriebsabrechnung oder Kalkulation.

Damit erkennbar wird, daß die Kostenrechnung unterschiedlich ausgerichtet sein kann, werden folgende Kalkulationsarten voneinander geschieden:

1.4.1 Kostenkalkulation – Preiskalkulation

Ein primäres Ziel der Kalkulation, bezogen auf die Gesamtproduktion oder ein Stück, ist es, die Kosten einer bestimmten Produktionsstufe zu ermitteln. In diesen Zusammenhang gehören die Herstellungskosten. Sie umschließen die Materialkosten (Materialeinzelkosten und Materialgemein-

---

3 Kommunale Gemeinschaftsstelle für Verwaltungsvereinfachung, Betriebsabrechnung (Kostenrechnung), Anwendung in der kommunalen Praxis, Köln 1970, S. 7.

kosten) und die Fertigungskosten (Fertigungseinzelkosten, Fertigungsgemeinkosten und evtl. Sondereinzelkosten der Fertigung).
In einer weiteren Kostenstufe werden den Herstellungskosten die Verwaltungs- und Vertriebsgemeinkosten hinzugerechnet, damit hat man die Selbstkosten bestimmt. Anders ausgedrückt: die Selbstkosten enthalten den gesamten Sachgüter- und Dienstleistungsverzehr, der bei einer Produktion anfällt, z. B. Materialkosten, Personalkosten, Lagerkosten, Mietkosten, Fremdkapitalzinsen, Abschreibungsansätze. Die Selbstkosten enthalten nicht die Gewinnbestandteile des Unternehmens.
Kostenkalkulation bedeutet somit Ermittlung der Herstellungs- und/oder der Selbstkosten.
Ein sekundäres Ziel der Kalkulation könnte die Feststellung von Preisen sein. Hierbei handelt es sich um die Preiskalkulation. Den Selbstkosten werden bestimmte Gewinnelemente (z. B. kalkulatorischer Unternehmerlohn, kalkulatorische Eigenkapitalverzinsung, kalkulatorische Risikoprämie) zugerechnet. Darüber hinaus können evtl. zu gewährende Skonti und Rabatte berücksichtigt werden. Zuletzt müßte ein Aufschlag für die Mehrwertsteuer erfolgen. Strittig allerdings ist, ob der Mehrwertsteuerzuschlag noch Teil der Kalkulation ist oder ob er außerhalb der Kalkulation vorgenommen wird.

1.4.2 Einzel-, Gruppen- und Gesamtkalkulation
Bei der Einzelkalkulation werden die Kosten einer Leistungseinheit errechnet, z. B. Reparatur einer Wasserleitung durch die Stadtwerke beim Kunden A.
Die Gruppenkalkulation faßt gleichartige Produkte zusammen und ermittelt die Kosten der Leistungen pro Gliederungskategorie. Beim Fuhrpark werden beispielsweise die zur Verfügung stehenden 30 Personenkraftwagen, von denen 10 mit Fahrern und 20 ohne Fahrer betrieben werden, zu vier Fahrzeuggruppen vereinigt:
2 X-Autos, Typ 250, mit Fahrern
4 Y-Autos, Typ 200, mit Fahrern
4 Z-Autos, Typ 1700, mit Fahrern und
20 V-Autos, Typ 1200, ohne Fahrer.
Die Kosten je Fahrzeuggruppe werden erfaßt und auf die Anzahl der gefahrenen Kilometer umgelegt.
Bei der Gesamtkalkulation werden die jeweiligen Kosten je Kostenstelle ermittelt, um diese auf die Leistungen je Kostenstelle zu projizieren. Voraussetzung ist normalerweise die Erstellung eines Betriebsabschlußbogens.
Für den Vieh- und Schlachthof in G wurden die Kosten in einem Betriebabschlußbogen errechnet. Die Kosten je Kostenstelle, dividiert durch deren spezifische Leistungsmenge, ergibt die Kosten pro Stück, z. B. Kosten des Auftriebs, der Schweineschlachtung, der Pferdeschlachtung, der Sanitäts-

schlachtung pro Stück. Auf diese Weise werden die gesamten Leistungen des Vieh- und Schlachthofes kostenrechnerisch erfaßt.

1.4.3 Vor-, Zwischen- und Nachkalkulation

Differenziert man bei der Kostenrechnung nach der Zeit (Zukunft, Gegenwart, Vergangenheit), so sind drei Kalkulationsarten zu erkennen.

Die Vorkalkulation berechnet die Kosten zukünftig zu erstellender oder abzusetzender Leistungen. Im wesentlichen wird sie bei der Einzelfertigung angewandt. Sie ist eine Unterlage für die Preissetzung und damit Bestandteil der Angebotskalkulation.

Da die Vorkalkulation von den Erfahrungswerten der Vergangenheit ausgehen muß, ist sie mit Unsicherheiten behaftet, weil unterstellt werden kann, daß zukünftige von den vergangenen Kosten abweichen.

Eine Vorkalkulation ist empfehlenswert, wenn im voraus ermittelt werden soll, ob eine Leistung in der Verwaltung selbst erbracht oder von einem privatwirtschaftlichen Betrieb hergestellt werden soll.

Die Zwischenkalkulation hat lediglich untergeordnete Bedeutung. Sie stellt die Kosten fest, die in der Gegenwart angefallen sind. Sie kommt vor, wenn Bestellungen unter der Voraussetzung zurückgenommen werden, daß der Auftraggeber alle Kosten übernimmt, die dem Unternehmer bisher entstanden sind.

Die Nachkalkulation erfaßt die tatsächlich in der Vergangenheit aufgelaufenen Kosten. Ihre Aufgabe erschöpft sich nicht allein darin, festzustellen, ob und inwieweit die Ergebnisse der Vorkalkulation zutreffend sind. Sie soll vielmehr auch herausfinden, wo die Abweichungen liegen und wie diese in Zukunft verringert oder gar vermieden werden können.

Die Nachkalkulation schafft Erfahrungswerte, die wiederum als Grundlage für spätere Vorkalkulationen dienen.

Diese Art der Kostenrechnung ist im Bereich der öffentlichen Hand die übliche. Von den vergangenen Kosten schließt man auf die künftigen. Häufig sind die in der Nachkalkulation registrierten Werte in einem Betriebsabrechnungsbogen (Kostenrechnung i. e. S.) oder in einem Betriebsabschlußbogen (Erweiterte Kameralistik) enthalten.

2 Die Leistung der grundlegenden Rechnungssysteme für die Kostenrechnung

Für das Verständnis der Kostenrechnung i. w. S. ist es unerläßlich, die grundlegenden Systeme in ihrer Struktur zu durchschauen. Das gilt sowohl für die kaufmännische Buchführung als auch für die Kameralistik.

2.1 Die vorbereitende Funktion der kaufmännischen Buchführung

Alle Buchungen der kaufmännischen Buchführung lassen sich in bestandswirksame und erfolgswirksame Posten gliedern. Bestandswirksame Vorgänge finden ihren Niederschlag in dem Abschlußkonto »Bilanz«, erfolgswirksame Vorgänge in dem Abschlußkonto »Gewinn- und Verlustrechnung«.
Das Konto Bilanz wird wie alle anderen Konten als T-Konto geführt. Die linke Seite erfaßt die Aktiva (Vermögen), die rechte Seite die Passiva (Schulden). Eine Bilanz könnte in einer groben Aufgliederung folgendes Aussehen haben:

Aktiva		Bilanz		Passiva
Anlagevermögen	90 000,–	Eigenkapital		100 000,–
Umlaufvermögen	60 000,–	Fremdkapital		50 000,–
	150 000,–			150 000,–

Die linke Seite der Bilanz sagt aus, wie das Kapital angelegt ist (Kapitalanlage), die rechte Seite weist nach, woher das Kapital kommt (Kapitalquelle). Der gleiche Sachverhalt wird unter zwei verschiedenen Aspekten betrachtet, einerseits der Investition, andererseits der Finanzierung. Das Ergebnis, die Bilanzsumme, stimmt auf beiden Seiten überein. Das Wort »Bilanz« entstammt dem Italienischen und heißt soviel wie Waage. Die Bezeichnung ist zugleich ein Sinnbild für das Gleichgewicht, das die Bilanz und darüber hinaus jedes einzelne Konto verkörpert.
Dem Anlagevermögen wird der Teil des Vermögens zugerechnet, der dem Produktions- und Leistungsprozeß dauernd zu dienen bestimmt ist, z. B. Grundstücke, Gebäude, Maschinen, Geschäftsausstattung.

Zum Umlaufvermögen gehören die Werte, die sich im allgemeinen nur für kurze Zeit im Unternehmen befinden und die umgesetzt werden sollen, z. B. Rohstoffe, Waren, Forderungen, Besitzwechsel, Bank, Postscheck, Kasse.

Fremdkapital stellt Kreditkapital dar, mithin Schulden, die das Unternehmen bei Dritten aufgenommen hat, z. B. kurzfristige Bankschulden, Wechselschulden, Verbindlichkeiten gegenüber den Lieferanten, Darlehen.

Das Eigenkapital umfaßt die Mittel, die dem Unternehmer gehören und die er dem Unternehmen zur Verfügung gestellt hat. Diese Mittel sind aber auf der Aktivseite gebunden. Das Eigenkapital darf nicht mit Liquidität gleichgesetzt werden, es stellt gleichsam nur einen Erinnerungsposten dar, welcher Teil des Vermögens von dem Eigentümer oder den Eigentümern finanziert worden ist. Von »echten« Schulden kann in diesem Zusammenhang nicht gesprochen werden, weil hier kein Gläubiger-Schuldner-Verhältnis vorliegt und die Beträge nicht zurückgezahlt werden, solange das Unternehmen existiert. Auch die Rücklagen haben in der kaufmännischen Buchführung Eigenkapitalcharakter.

2.1.1 Die Bestandskonten (Bilanzkonten)

Auf einem Bestandskonto können vier Arten von Buchungsposten erscheinen: Eröffnungsbestand, Schlußbestand, Zugänge und Abgänge.

Auf allen Aktivkonten, das sind die Konten, die der Aktivseite der Bilanz zugeordnet werden, folglich Vermögenswerte repräsentieren, stehen Eröffnungsbestand und Zugänge stets auf der linken Seite, Abgänge und Schlußbestand dagegen auf der rechten Seite. Die beiden Seiten aller Konten tragen die Bezeichnung »Soll« und »Haben«, eine Ausnahme macht lediglich die Bilanz mit ihrer Aktiv- und Passivseite.

Folgende Geschäftsvorfälle sollen dem Aktivkonto »Kasse« zugeordnet werden, wobei in diesem Augenblick nur von einer einfachen, noch nicht von einer doppelten Buchung ausgegangen wird:

Eröffnungsbestand der Kasse	1 000,–
Warenverkauf bar	500,–
Wareneinkauf bar	300,–
Mieteinnahmen bar	250,–
Kauf von Briefmarken bar	50,–
Schlußbestand der Kasse	?

S		Kasse		H
EB	1 000,–		Waren (A)	300,–
Ware (Z)	500,–		Briefmarken (A)	50,–
Miete (Z)	250,–		SB	1 400,–
	1 750,–			1 750,–

Lösung
1. Der Eröffnungsbestand wird im Soll vorgetragen.
2. Die Posten werden nach Zugängen (Soll) und Abgängen (Haben) geordnet.
3. Die größere Seite wird addiert, bei Aktivkonten stets die Sollseite.
4. Die Summe wird auf die Habenseite übertragen.
5. Der Schlußbestand wird errechnet, indem die Habenposten zur Kontosumme ergänzt werden.

Bei jedem anderen Aktivkonto ist die Buchungssystematik die gleiche. Die Buchungsweise läßt sich leicht einprägen, wenn das Verallgemeinerte in ein T-Konto übertragen wird:

Soll	Aktivkonto	Haben
Eröffnungsbestand (EB) Zugänge		Abgänge Schlußbestand (SB)

Auf dem Passivkonto Verbindlichkeiten gegenüber dem Lieferanten sollen folgende Posten erfaßt werden:

Eröffnungsbestand an Verbindlichkeiten	10 000,–
Waren werden gekauft und noch nicht bezahlt	5 000,–
Durch Postscheck werden Verbindlichkeiten beglichen	12 000,–
Weitere Waren werden gekauft und noch nicht bezahlt	3 000,–
Durch Banküberweisung werden Verbindlichkeiten getilgt	2 000,–
Schlußbestand der Verbindlichkeiten	?

S	Verbindlichkeiten		H
Postscheck (A)	12 000,–	Eröffnungsbestand	10 000,–
Bank (A)	2 000,–	Warenkauf (Z)	5 000,–
Schlußbestand	4 000,–	Warenkauf (Z)	3 000,–
	18 000,–		18 000,–

Lösung
1. Der Eröffnungsbestand auf Passivkonten steht immer im Haben.
2. Die Posten werden nach Zugängen (Haben) und Abgängen (Soll) geordnet.
3. Die größere Seite wird addiert (Habenseite).
4. Die ermittelte Summe wird auf die Sollseite übertragen.
5. Der Schlußbestand wird errechnet, indem die Sollposten zur Summe ergänzt werden.

Bei jedem anderen Passivkonto wird nach der gleichen Gesetzmäßigkeit verfahren. Die Buchungen finden folgenden Niederschlag:

S	Passivkonto	H
Abgänge		Eröffnungsbestand
Schlußbestand		Zugänge

Während bislang lediglich erkennbar war, auf welcher Seite bei einem Aktiv- und einem Passivkonto (= Bestandskonten) aufgrund bestimmter Geschäftsvorfälle Änderungen eintraten, muß nun *ein* wesentliches Merkmal der doppelten Buchführung herausgestellt werden, die zweimalige Buchung. Jeder Geschäftsvorfall löst mindestens eine Soll- und eine Habenbuchung auf zwei Konten aus.

Der Buchungssatz
Um eine Buchung bezeichnen zu können, wird jeder Geschäftsvorfall in einen Buchungssatz umgewandelt. Dieser stellt eine systematische Anordnung der Konten dar, die jeweils eine Buchung aufnehmen. Zuerst ist das Konto anzurufen, auf dem die Sollbuchung erfolgt, dann kommt das Trennwort »an«, das den Übergang zur Habenbuchung ausdrückt, und zuletzt wird das Konto genannt, das die Habenbuchung erfaßt. Diese Systematik wird in der doppelten Buchführung nicht durchbrochen; lediglich die vorgegebenen Eröffnungsbestände auf den einzelnen Bilanzkonten werden vom Anfänger einfachheitshalber nur übertragen und nicht zweimal gebucht, obwohl eine solche Buchung durchaus möglich ist. Des besseren Verständnisses wegen soll dieses Vorgehen hier im einzelnen unbegründet bleiben, ansonsten besteht die Gefahr, daß die wesentliche Unterscheidbarkeit von Aktiv- und Passivkonten erschwert wird.
Bei Bildung eines Buchungssatzes sind folgende Fragen zu lösen:
1. Welche Konten werden durch den Geschäftsvorfall berührt?
2. Welches Konto nimmt die Sollbuchung?
3. Welches Konto nimmt die Habenbuchung auf?
4. Wie heißt der Buchungssatz in der exakten Reihenfolge?
Zum Buchungssatz gehört noch wesensgemäß der Buchungsbetrag.
Anhand von Beispielen sollen Buchungssätze entwickelt werden.
a) Kauf von Waren bar   1 000,–
1. Die beiden Aktivkonten »Waren« und »Kasse« werden berührt.
2. Das Warenkonto nimmt die Sollbuchung auf, weil der Warenbestand eine Mehrung erfährt (Zugang).
3. Das Kassenkonto erhält die Habenbuchung, weil der Kassenbestand wegen der Barzahlung abnimmt (Abgang).
4. Der Buchungssatz lautet: S   H
   Waren   1 000,–
   an Kasse   1 000,–
Alle Buchungen auf Bilanzkonten lassen sich auf vier Grundgleichungen zurückführen. Wenn ein Buchungssatz zwei Aktivkonten nennt und auf

einem Konto ein Zugang und auf dem anderen ein Abgang gebucht wird, heißt die Grundgleichung »Aktivtausch«.

b) Kauf von Waren ohne sofortige Zahlung (Wareneinkauf auf Ziel) 2 000,–
1. Das Aktivkonto »Waren« und das Passivkonto »Verbindlichkeiten« werden berührt.
2. Die Sollbuchung steht auf dem Warenkonto, weil der Warenbestand wächst.
3. Auf dem Konto Verbindlichkeiten wird im Haben gebucht, der Bestand an Schulden gegenüber dem Lieferanten erhöht sich ebenfalls (Zugänge bei Passivkonten im Haben!).
4. Waren   2 000,–
    an Verbindlichkeiten   2 000,–

Wenn ein Buchungssatz zuerst ein Aktiv-, dann ein Passivkonto nennt, wird auf beiden Konten ein Zugang registriert (mehr Waren, mehr Schulden). Die Grundgleichung muß folgerichtig heißen: Aktiv-Passiv-Mehrung.

c) Verbindlichkeiten gegenüber dem Lieferer werden durch Banküberweisung beglichen   1 200,–
1. Das Aktivkonto »Bank« i. S. von Bankguthaben und das Passivkonto »Verbindlichkeiten« werden berührt.
2. Auf dem Konto Verbindlichkeiten wird im Soll gebucht, weil die Schulden gegenüber dem Lieferanten abnehmen und Abgänge bei Passivkonten im Soll verzeichnet werden.
3. Das Bankkonto erhält die Habenbuchung, weil der Bankbestand abnimmt.
4. Verbindlichkeiten   1 200,–
    an Bank   1 200,–

Auch dieser Buchungssatz erfaßt ein Aktivkonto und ein Passivkonto, jedoch in der Reihenfolge: Passivkonto an Aktivkonto. Da auf beiden Konten eine Minderung eintritt (weniger Schulden, weniger Bankguthaben), wird die Grundgleichung Passiv-Aktiv-Minderung genannt.

d) Kurzfristige Bankschulden werden in Darlehen (langfristige Bankschulden) umgewandelt   3 000,–
1. Bei dieser Umschuldung werden die Passivkonten »Bankschulden« und »Darlehen« benötigt.
2. Das Konto Bankschulden nimmt die Sollbuchung auf, die Bankschulden vermindern sich um den Buchungsbetrag.
3. Auf dem Konto Darlehen steht die Habenbuchung, weil die Darlehensschulden zunehmen.
4. Bankschulden   3 000,–
    an Darlehen   3 000,–

Wenn ein Buchungssatz zwei Passivkonten erfaßt, wird auf dem ersten ein Abgang und auf dem zweiten Konto ein Zugang gebucht. Die Grundgleichung für derartige Buchungen bezeichnet man als Passivtausch.

Von der Eröffnungs- zur Schlußbilanz
Anhand eines kurzen Geschäftsganges soll die Buchungsweise auf Bestandskonten verdeutlicht und ein Gesamtzusammenhang hergestellt werden.
Vorgegeben sind Eröffnungsbestände und sechs Geschäftsvorfälle. Die Aufgabe besteht darin, nach Buchung der Geschäftsvorfälle einen Abschluß (Schlußbilanz) zu erstellen.
Eröffnungsbestände: Kasse 6 000,–, Bank 3 000,–, Waren 7 000,–, Geschäftsausstattung 4 000,–, Forderungen 2 000,–, Verbindlichkeiten 5 000,–, Darlehen 1 000,–, Eigenkapital 16 000,–.
Folgende Geschäftsvorfälle sollen gebucht werden:
1. Kauf von Waren gegen bar 800,–
2. Forderungen gegenüber unserem Kunden gehen auf unserem Bankkonto ein 1 200,–
3. Wir zahlen an unseren Lieferer durch Banküberweisung 1 000,–
4. Wir tilgen teilweise ein Darlehen durch Banküberweisung 300,–
5. Verkauf eines alten Einrichtungsgegenstandes bar 500,–
6. Kapitaleinlage des Inhabers bar 1 600,–

Die Lösungsschritte vollziehen sich in drei Phasen:
  I. Eröffnung, d. h. Aufstellen der Eröffnungsbilanz und Übertragung der Eröffnungsbestände auf die einzelnen Konten.
 II. Buchung der Geschäftsvorfälle, nachdem diese vorher in Buchungssätze umgewandelt wurden.
III. Abschlußbuchungen, d. h. Aufstellen der Schlußbilanz.

A	Eröffnungsbilanz (1. 1. . . . .)		P
Kasse	6 000,–	Verbindlichkeiten	5 000,–
Bank	3 000,–	Darlehen	1 000,–
Waren	7 000,–	Eigenkapital	16 000,–
G.-A.	4 000,–		
Forderungen	2 000,–		
	22 000,–		22 000,–

S	Kasse		H
EB	6 000,–	1. Waren	800,–
5. G.-A.	500,–	SB	7 300,–
6. Eigenkapital	1 600,–		
	8 100,–		8 100,–

S	Bank		H
EB	3 000,–	3. Verbindlichkeiten	1 000,–
2. Forderungen	1 200,–	4. Darlehen	300,–
		SB	2 900,–
	4 200,–		4 200,–

S	Waren		H
EB	7 000,–	SB	7 800,–
1. Kasse	800,–		
	7 800,–		7 800,–

S	Geschäftsausstattung		H
EB	4 000,–	5. Kasse	500,–
		SB	3 500,–
	4 000,–		4 000,–

S	Forderungen		H
EB	2 000,–	2. Bank	1 200,–
		SB	800,–
	2 000,–		2 000,–

S	Verbindlichkeiten		H
3. Bank	1 000,–	EB	5 000,–
SB	4 000,–		
	5 000,–		5 000,–

S	Darlehen		H
4. Bank	300,–	EB	1 000,–
SB	700,–		
	1 000,–		1 000,–

S	Eigenkapital		H
SB	17 600,–	EB	16 000,–
		6. Kasse	1 600,–
	17 600,–		17 600,–

A	Schlußbilanz (31. 12. . . . .)		P
Kasse	7 300,–	Verbindlichkeiten	4 000,–
Bank	2 900,–	Darlehen	700,–
Waren	7 800,–	Eigenkapital	17 600,–
Geschäftsausstattungen	3 500,–		
Forderungen	800,–		
	22 300,–		22 300,–

Lösungshinweise
I. Die Eröffnung umfaßt die Erstellung der Eröffnungsbilanz und das Einrichten der Aktiv- und Passivkonten, die in der Bilanz vorgegeben sind.

Insbesondere ist darauf zu achten, daß die Summe der Eröffnungsbestände der Aktivkonten der Summe der Eröffnungsbestände der Passivkonten gleich ist. Denn Ausgangspunkt ist die gleichgewichtige Bilanz, und dieses Gleichgewicht muß erhalten bleiben. Ein Übertragungsfehler eines Eröffnungsbestandes würde bewirken, daß die Schlußbilanz bei sonst richtigen Buchungen nicht seitengleich wäre.

II. Die Buchungssätze werden gebildet:
1. Waren   800,–
   an Kasse   800,–

und zuerst die Beträge auf den beiden Konten, im Soll und im Haben, gebucht. Erst dann werden die jeweiligen Gegenkonten vor die Zahlen gesetzt, beim Kassenkonto »Waren«, beim Warenkonto »Kasse«. Die Angabe der Gegenkonten ermöglicht es, jede einzelne Buchung später zu rekonstruieren. Die Reihenfolge des Buchungssatzes ergibt sich nur aus der Stellung der Zahlen im Soll und Haben eines Kontos, das Gegenkonto ist hierbei außer acht zu lassen. Des besseren Überblicks wegen wird ausnahmsweise auch die Nummer des Geschäftsvorfalles erfaßt. In der Praxis wird statt deren das Buchungsdatum noch notiert. Die Mehrwersteuer bei diesem Geschäftsvorfall bleibt unberücksichtigt.

2. Bank   1 200,–
   an Forderungen   1 200,–
3. Verbindlichkeiten   1 000,–
   an Bank   1 000,–
4. Darlehen   300,–
   an Bank   300,–
5. Kasse   500,–
   an Geschäftsausstattung   500,–
6. Kasse   1 600,–
   an Eigenkapital   1 600,–

III. Um die Abschlußbuchung, die jetzt bei jedem Konto vorzunehmen ist, durchführen zu können, muß der Schlußbestand ermittelt werden. Bei Aktivkonten ist die Sollseite zu addieren und die Summe auf die Habenseite zu übertragen usw. Zeilen, die nicht beschrieben worden sind, werden durch eine sog. Buchhalternase (von links unter nach rechts oben) entwertet. Auf diese Weise ist sichergestellt, daß nach dem Abschluß nicht noch unbemerkt Beträge in die Buchführung eingesetzt werden können.

Wenn der Schlußbestand mit dem Gegenkonto Schlußbilanz (SB) festgestellt wurde, ist ein Teil der Abschlußbuchung (hier die Habenbuchung) bereits durchgeführt, es fehlt noch die Buchung auf der linken Seite. Alle Bilanzkonten geben ihre Schlußbestände an die Schlußbilanz ab. Die Abschlußbuchungen lauten somit:

Schlußbilanz	7 300,–	
an Kasse		7 300,–
Schlußbilanz	2 900,–	
an Bank		2 900,–
Schlußbilanz	7 800,–	
an Waren		7 800,–
Schlußbilanz	3 500,–	
an Geschäftsausstattung		3 500,–
Schlußbilanz	800,–	
an Forderungen		800,–
Verbindlichkeiten	4 000,–	
an Schlußbilanz		4 000,–
Darlehen	700,–	
an Schlußbilanz		700,–
Eigenkapital	17 600,–	
an Schlußbilanz		17 600,–

Zuletzt wird auf beiden Seiten der Schlußbilanz jeweils die Summe ermittelt.

Welche Erkenntnisse lassen sich bisher aus der doppelten Buchführung für die Kostenrechnung gewinnen?

Alle Geschäftsvorfälle stellen bestandswirksame (vermögenswirksame) Posten dar, weil jeder Buchungssatz bei den sechs Geschäftsvorfällen stets zwei Bilanzkonten berührte. Keine der Einnahmen oder Ausgaben könnte in der Kostenrechnung weiter berücksichtigt werden, denn bisher sind weder Kosten noch Erlöse angefallen.

Da Erfolgskonten bisher noch fehlen, konnte bei dem oben praktizierten Geschäftsgang auch kein Gewinn oder Verlust entstehen.

Überblick über die in Handel und/oder Industrie bedeutsamen Bilanzkonten:

Aktivkonten	**Passivkonten**
Unbebaute Grundstücke	Kurzfristige Bankschulden
Bebaute Grundstücke	Hypothekenschulden
Maschinen	Darlehen
Fahrzeuge	Eigenkapital
Werkzeuge	Gesetzliche Rücklage
Geschäftsausstattung	Freiwillige Rücklage
Konzessionen, Patente	Wertberichtigungen auf Anlagen
Beteiligungen	Wertberichtigungen auf Forderungen
Aktive Rechnungsabgrenzung	Rückstellungen
Forderungen auf Grund von	Passive Rechnungsabgrenzung
Warenlieferungen und Leistungen	Verbindlichkeiten auf Grund von
Sonstige Forderungen	Warenlieferungen und Leistungen
Kasse	Schuldwechsel
Bank	Fremde Anzahlungen

Postscheck
Besitzwechsel
Devisen
Wareneinkauf
Rohstoffe
Hilfsstoffe
Betriebsstoffe
Bezogene Fertigteile

Sonstige Verbindlichkeiten

Inventur (invenire = finden, vorfinden)
Nach § 39 HGB ist der Kaufmann verpflichtet, beim Beginn seiner Tätigkeit und am Schluß eines jeden Geschäftsjahres Inventur zu machen. Unter Inventur ist die Feststellung aller Vermögens- und Schuldenwerte einer Unternehmung zu verstehen. Die Aufnahme des Warenbestandes (messen, zählen, wiegen, bewerten) bereitet sehr viel Umstände. Nicht nur der Warenbestand, sondern alle Vermögens- und Schuldenwerte werden erfaßt. Bei den Forderungen z. B. wird jeder Debitor und dessen Schuldsumme einzeln in die Rechnung einbezogen.

Inventar
Die Aufstellung aller Werte heißt Inventar. Es gliedert sich in drei Abschnitte
A. Vermögen
B. Verbindlichkeiten
C. Ermittlung des Reinvermögens aus:
   Summe des Vermögens (A)
   ./. Summe der Verbindlichkeiten (B).
Das Inventar hat naturgemäß einen beträchtlichen Umfang. Bei Großbetrieben füllt es oft umfangreiche Bücher. Das Inventar muß mit Ort und Datum versehen sein und vom Unternehmer persönlich unterschrieben werden.
Zweck dieser Rechnung ist:
1. Ermittlung der Warenbestände, die buchhalterisch nicht mehr kontrolliert werden können, weil Ein- und Verkaufsmengen in der Doppik nicht erfaßt werden (nur Ein- und Verkaufswerte).
2. Überprüfung der tatsächlichen Bestände mit den Buchbeständen. Sowohl Fehler in der Buchführung als auch nichtbestimmungsgemäßer Verbrauch (z. B. Diebstahl) werden aufgedeckt. Weichen die Ist- von den Sollbeständen ab, sind die Sollbestände zu korrigieren.
Um eine Vorstellung zu vermitteln, wie ein Inventar gegliedert ist, sei folgendes Beispiel des Kohlenhändlers Otto Schwarz angeführt:

Inventar

A. Vermögen
1. Kasse 800,–
2. Guthaben bei der Gewerbebank Hamm 10 000,–
3. Besitzwechsel
    Nr. 12 auf Fritz Pleitgen 1 600,–
    Nr. 13 auf Hans Müsse 2 700,– 4 300,–
4. Forderungen auf Grund von Warenlieferungen
    Kunde A. Maier, Hamm 2 500,–
    Kunde G. Gerhard, Hamm 3 600,– 6 100,–
5. Waren
    X l Öl 35 000,–
    Y Zentner Braunkohlenbriketts 4 000,–
    Z Zentner Zechenkoks 21 000,– 60 000,–
    Summe des Vermögens 81 200,–

B. Schulden
1. Verbindlichkeiten auf Grund von
   Warenlieferungen bei
    Rheinkohle Essen 12 000,–
    Braunkohle AG, Köln 8 000,–
    Öllieferungs-GmbH, Dortmund 13 000,– 33 000,–
2. Schuldwechsel
    Nr. 4, fällig 18. 1., Order Müller 7 000,–
    Summe der Schulden 40 000,–

C. Ermittlung des Reinvermögens
    Summe des Vermögens 81 200,–
    Summe der Schulden 40 000,–
    Reinvermögen (Eigenkapital) 41 200,–

Hamm, 31. 12. . . .

Unterschrift des Unternehmers

Die Bilanz hierzu enthält folgende Positionen:

A	Bilanz zum 31. 12. . . .		P
Kasse	800,–	Verbindlichkeiten	33 000,–
Bank	10 000,–	Schuldwechsel	7 000,–
Besitzwechsel	4 300,–	Eigenkapital	41 200,–
Forderungen	6 100,–		
Waren	60 000,–		
	81 200,–		81 200,–

Hamm, 31. 12. . . .

Unterschrift des Unternehmers

Unterschiede zwischen Inventar und Bilanz

Form:	Das Inventar ordnet Vermögen, Schulden und Reinvermögen *untereinander* an.	Die Bilanz ordnet Vermögen und Schulden (i. w. S.) *nebeneinander* an.
Inhalt:	Das Inventar erfaßt *Mengen und Werte* und hat eine Vor- und Hauptspalte.	Die Bilanz enthält nur *Werte* (i. d. R. nur eine Hauptspalte).
Umfang:	Das Inventar ist eine *genaue* und *ausführliche* Aufzeichnung der genannten Posten.	Die Bilanz gibt einen *knappen* Überblick über Vermögens- und Schuldenlage.

Wie in der Bilanz sind im Inventar lediglich Bestände registriert. Beide Aufstellungen vermitteln ein Bild von Kapitalanlage (Investition) und Kapitalquelle (Finanzierung) des Unternehmens zu einem bestimmten Zeitpunkt (statischer Charakter).

2.1.2 Die Erfolgskonten

Neben den Bestandskonten, die Wertänderungen erfassen, müssen in der Buchführung Erfolgskonten eingerichtet werden, sobald ein Geschäftsvorfall einen entsprechenden Vorgang ankündigt.

Unter Erfolgskonten versteht man die Gesamtheit der Aufwands- und Ertragskonten, die benötigt werden und die wie die Bestandskonten im Kontenrahmen für den jeweiligen Wirtschaftszweig systematisch geordnet sind. Der Unternehmer ist bei der Abwicklung seiner Geschäfte gezwungen, Aufwendungen zu tätigen, z. B. Lohnzahlungen. Andererseits fließen ihm aus seiner Tätigkeit oder aus seiner Kapitalanlage Erträge zu, z. B. Erträge aus Warenverkäufen (Unterschied zwischen Warenverkaufs- und Wareneinkaufspreis), Zinserträge oder Haus- und Grundstückserträge. Aufwendungen und Erträge werden nach dem Bruttoprinzip gesondert auf den entsprechenden Konten gebucht, z. B. wird ein Konto für Zinsaufwendungen und ein Konto für Zinserträge geführt. Bestände treten auf diesen Konten nicht auf.

Aufwendungen werden immer auf dem jeweiligen Erfolgskonto im Soll gebucht, Erträge stets im Haben.

Am Ende der Abschlußperiode geben alle Erfolgskonten ihre Salden an das Gewinn- und Verlustkonto ab, das im Soll alle Aufwendungen und im Haben alle Erträge sammelt. Der Unterschiedsbetrag zwischen den Erträgen und den Aufwendungen ist der Gewinn oder der Verlust.

Gewinne oder Verluste werden i. d. R. nicht bar ausgezahlt oder durch Barzahlung ausgeglichen, sondern sie werden bei Einzelkaufleuten unmittelbar dem Eigenkapitalkonto gutgeschrieben (Habenbuchung auf dem Konto Eigenkapital) oder belastet (Sollbuchung). Gewinne erhöhen, Verluste vermindern somit das Eigenkapital des Unternehmers.

Mittels eines kleinen Geschäftsganges, der eine geringe Zahl von Bestandskonten und eine Mehrzahl von Erfolgskonten enthält, soll das abstrakt Erörterte in die Buchungspraxis umgesetzt werden.
Folgende Eröffnungsbestände sind gegeben: Kasse 10 000,–, Bank 14 000,–, Eigenkapital 20 000,–, Darlehen 4 000,–. An Erfolgskonten werden benötigt: Personalkosten, Zinsaufwendungen, Werbungskosten; Haus- und Grundstückserträge, Zinserträge, Provisionserträge.
Geschäftsvorfälle
1. Wir zahlen Lohn für Aushilfskräfte bar   200,–
2. Wir erhalten Miete durch Banküberweisung
   Mieter A   800,–
   Mieter B   900,–
3. Die Bank schreibt uns Zinsen gut   100,–
4. Für Werbedrucksachen zahlen wir mit Bankscheck   300,–
5. Wir erhalten für eine Geschäftsvermittlung eine Provision in bar 600,–
6. Wir zahlen Zinsen für das Darlehen durch Banküberweisung   120,–
7. Wir tilgen das Darlehen durch Banküberweisung mit   1 000,–
Aufgabe: Erstellung des Abschlusses.
In wiederum drei Schritten wird die Aufgabe gelöst:
I. Eröffnung, II. Buchung der Geschäftsvorfälle, III. Abschlußbuchungen.

A	Eröffnungsbilanz		P
Kasse	10 000,–	Eigenkapital	20 000,–
Bank	14 000,–	Darlehen	4 000,–
	24 000,–		24 000,–

S	Kasse		H
EB	10 000,–	1. Personalkosten	200,–
5. Provisions-Erträge	600,–	SB	10 400,–
	10 600,–		10 600,–

S	Bank		H
EB	14 000,–	4. Werbungskosten	300,–
2. a) H.- u. Gr.-Erträge	800,–	6. Zinsaufwand	120,–
2. b) H.- u. Gr.-Erträge	900,–	7. Darlehen	1 000,–
3. Zinserträge	100,–	SB	14 380,–
	15 800,–		15 800,–

S	Eigenkapital		H
SB	21 780,–	EB	20 000,–
		G+V	1 780,–
	21 780,–		21 780,–

S		Darlehen		H
7. Bank	1 000,–	EB		4 000,–
SB	3 000,–			
	4 000,–			4 000,–

S		Personalkosten	H
1. Kasse	200,–	G+V	200,–

S		Haus- und Grundstückserträge		H
G+V	1 700,–	2. a) Bank	800,–
		2. b) Bank	900,–
	1 700,–		1 700,–

S		Zinserträge	H
G+V	100,–	3. Bank	100,–

S		Werbungskosten	H
4. Bank	300,–	G+V	300,–

S		Provisionserträge	H
G+V	600,–	5. Kasse	600,–

S		Zinsaufwendungen	H
6. Bank	120,–	G+V	120,–

S		Gewinn- und Verlustrechnung		H
Personalkosten	200,–	H.- u. Gr.-Erträge	1 700,–
Werbungskosten	300,–	Zinserträge	100,–
Zinsaufwendungen	120,–	Provisions-Erträge	600,–
Eigenkapital	1 780,–		
	2 400,–		2 400,–

A		Schlußbilanz		P
Kasse	10 400,–	Eigenkapital	21 780,–
Bank	14 380,–	Darlehen	3 000,–
	24 780,–		24 780,–

Lösungshinweise
I. Wie im ersten Geschäftsgang werden die Konten der Bilanz eröffnet und die Eröffnungsbestände übertragen. Jetzt können darüber hinaus die genannten Erfolgskonten eingerichtet werden, spätestens jedoch in dem Augenblick, in dem die Geschäftsvorfälle auftreten. Einrichten der Erfolgskonten meint nur die Beschriftung des Kontos; Bestände existieren auf diesem Kontotyp nicht.
II. Die Buchungssätze zu den Geschäftsvorfällen werden gebildet, dann folgt die Buchung. Auf den Erfolgskonten versagt die Terminologie der Bestandskonten (Zugänge und Abgänge), statt dessen kann die Begründung lediglich Aufwand für eine Soll- und Ertrag für eine Habenbuchung auf den Erfolgskonten lauten.

1. Personalkosten 200,–
   an Kasse 200,–
2. a) Bank 800,–
   an Haus- und Grundstückserträge 800,–
2. b) Bank 900,–
   an Haus- und Grundstückserträge 900,–
3. Bank 100,–
   an Zinserträge 100,–
4. Werbungskosten 300,–
   an Bank 300,–
5. Kasse 600,–
   an Provisionserträge 600,–
6. Zinsaufwendungen 120,–
   an Bank 120,–
7. Darlehen 1 000,–
   an Bank 1 000,–

III. Abschlußbuchungen: Nicht nur die Buchungen, die zum Sammelkonto Schlußbilanz, sondern auch diejenigen, die zum Sammelkonto für alle Erfolgskonten, zum Gewinn- und Verlustkonto, führen, bezeichnet man als Abschlußbuchungen.
Zunächst sind die Erfolgskonten abzuschließen, dann das G+V-Konto und zuletzt die Bestandskonten. Man kann aber auch die Reihenfolge wählen: alle Konten nacheinander (mit Ausnahme des Eigenkapitalkontos), zuletzt das Eigenkapitalkonto und die Schlußbilanz.
Folgende Buchungen werden fällig:
G+V 200,–
an Personalkosten 200,–
Haus- und Grundstückserträge 1 700,–
an G+V 1 700,–
Zinserträge 100,–
an G+V 100,–
G+V 300,–

an Werbungskosten		300,–
Provisionserträge	600,–	
an G+V		600,–
G+V	120,–	
an Zinsaufwendungen		120,–

Die größere Seite des G+V-Kontos, hier die Ertragsseite, wird zuerst addiert und die Summe auf die kleinere Seite übertragen. Die Differenz ist zu ermitteln. Die Erträge überwiegen die Aufwendungen hier um 1 780,– DM, dieser Betrag stellt den Gewinn dar.

Buchung:

G+V	1 780,–	
an Eigenkapital		1 780,–

Es folgen weitere Abschlußbuchungen:

Schlußbilanz	10 400,–	
an Kasse		10 400,–
Schlußbilanz	14 380,–	
an Bank		14 380,–
Eigenkapital	21 780,–	
an Schlußbilanz		21 780,–
Eigenkapital	3 000,–	
an Darlehen		3 000,–

Zuletzt werden beide Bilanzseiten addiert.

Welche Lehre läßt sich aus diesem Geschäftsgang für die Kostenrechnung ziehen? Die Geschäftsvorfälle Nr. 1–6 stellen erfolgswirksame Vorgänge dar, weil jeweils ein Erfolgskonto neben einem Bestandskonto in jedem Buchungssatz berührt wird. Hier liegen entweder Aufwendungen oder Erträge vor. Geschäftsvorfall Nr. 7 ist ein bestandswirksamer Vorgang, weil der Buchungssatz zwei Bilanzkonten umfaßt.

Erfolgswirksame Posten gehören unter bestimmten Bedingungen in die Kostenrechnung; daher müssen sie vom Kostenrechner stets identifiziert und gegenüber bestandswirksamen Vorgängen abgegrenzt werden können.

2.1.2.1 Zweckaufwendungen und Zweckerträge

Ob ein erfolgswirksamer Posten in die Kostenrechnung einbezogen wird, hängt davon ab, ob er dem Betriebszweck dient. Zweckaufwand ist eine Wortschöpfung von Prof. Schmalenbach. Demgegenüber steht der neutrale Aufwand. Zweckaufwendungen zuzüglich der neutralen Aufwendungen ergeben die Gesamtaufwendungen. In Analogie dazu lassen sich die Gesamterträge gliedern in Zweckerträge und neutrale Erträge. Zweckerträge gehen auf die eigentliche betriebliche Güter- und/oder Leistungserstellung zurück.

Sowohl aus dem Bereich der öffentlichen Hand als auch aus dem der Privatwirtschaft lassen sich Beispiele anführen, die die Begriffe veranschaulichen.

Wenn ein Garten- und Friedhofsamt der Stadt X Wege auf dem Friedhof ausbessert, handelt es sich um Zweckaufwendungen. Derartige Leistungen sind für diese Organisationseinheit typisch.
Verkauft eine Brauerei das hergestellte Bier, so erzielt sie einen Zweckertrag, denn Bierproduktion und hier insbesondere der Verkauf des Bieres sind das eigentliche Anliegen der Brauerei.
Die Industriebuchführung trägt der genannten Gliederung der Erfolgsvorgänge vor allem dadurch Rechnung, daß die Zweckaufwendungen und Zweckerträge nicht unmittelbar zum Gewinn- und Verlustkonto abgeschlossen werden. Das Sammelkonto »Betriebsergebnis« nimmt diese Posten auf. Der Saldo dieses Kontos wird in die G+V-Rechnung übertragen.
Der Teil des Erfolges, der nicht die neutralen Aufwendungen und die neutralen Erträge umfaßt, gehört zu den Werten, die die Grundlage der Kostenrechnung bilden.

2.1.2.2 Neutrale Aufwendungen und neutrale Erträge

Begrifflich ist mit den neutralen Aufwendungen nicht gemeint, daß sich dieser Aufwand zum Betriebszweck neutral verhält, sondern daß er mit dem eigentlichen Betriebszweck nichts zu tun hat, obwohl er in diesem Betrieb auftritt.
Demgegenüber stellen die neutralen Erträge Wertzuwächse dar, die mit der Güter- und/oder Leistungserstellung, die für diesen Betrieb typisch ist, nicht unmittelbar zusammenhängen, aber in diesem Betrieb erwirtschaftet werden.
Die vorher erwähnten Wirtschaftseinheiten werden wieder aufgegriffen, um daran beispielhaft einen neutralen Vorgang zu verdeutlichen. Im Auftrage des Garten- und Friedhofsamtes wird eine Spende für die Deutsche Kriegsgräberfürsorge geleistet. Dieser Aufwand hat keinen unmittelbaren Bezug zur Tätigkeit und zum Betriebszweck einer solchen Organisationseinheit.
Wenn auf der anderen Seite die Brauerei Grundstücke, die sie zu einem niedrigen Preis erworben hat, später zu einem höheren Wert wieder abstößt, so stellt die Differenz einen neutralen Ertrag dar, denn Grundstückshandel – auch mit der Nebenabsicht der möglichen Einrichtung einer Gaststätte – gehört nicht zu den charakteristischen Aufgaben einer Brauerei.
In der Industriebuchführung werden die neutralen Aufwendungen und neutralen Erträge auf das Sammelkonto »Neutrales Ergebnis« geleitet, bevor dessen Saldo sich im Gewinn- und Verlustkonto niederschlägt.
Die neutralen Aufwendungen und die neutralen Erträge müssen aus den übrigen Erfolgen ausgeschieden werden, denn sie zählen nicht zu den Kosten, so daß auch für sie eine Kostenverrechnung nicht erwogen werden darf.

2.1.3 Die Ordnungsfunktion des Kontenrahmens

Bis 1937 konnte jeder Kaufmann seine Konten gliedern und benennen, wie er es für richtig hielt. Da die Unternehmer vielfach anderslautende Konten führten bzw. von einer anderen Gliederung ausgingen, waren ein Betriebsvergleich und eine weitgehend einheitliche Kalkulation nicht durchführbar.

Ordnung in den Wirrwarr der Konten brachte 1937 der Kontenrahmen, der durch Erlaß des Reichs- und Preußischen Wirtschaftsministers vom 11. November 1937 in den »Richtlinien zur Organisation der Buchführung (im Rahmen eines einheitlichen Rechnungswesens)« für allgemein verbindlich erklärt wurde. Es gibt Kontenrahmen für jeden Wirtschaftszweig, häufig auch noch spezielle Kontenrahmen innerhalb eines Wirtschaftszweiges, z. B. Kontenrahmen für den Großhandel, für den Einzelhandel, für das Bankwesen, einen speziellen Kontenrahmen für das Sparkassenwesen, für das Versicherungsgewerbe, Verkehrsbetriebe usw.

Aus dem allgemeingültigen Kontenrahmen leitet jedes Unternehmen seinen eigenen Kontenplan ab. Der Kontenplan enthält nur die Konten, die das einzelne Unternehmen braucht.

Der allgemeingültige Kontenrahmen bietet die Gewähr für eine hinreichend systematische Gliederung der Konten.

Kontenrahmen und Kontenplan werden unterteilt in 10 Kontenklassen (Kontenklasse 0–9), hier dargestellt am Beispiel des Großhandels:

Klasse 0:   Anlage- und Kapitalkonten
Klasse 1:   Finanzkonten
Klasse 2:   Abgrenzungskonten
Klasse 3:   Wareneinkaufskonten
Klasse 4:   Boni und Skonti
Klasse 5:   Konten der Kostenarten
Klasse 6: \} Frei, Konten für Nebenbetriebe können evtl. hier erfaßt
Klasse 7: / werden
Klasse 8:   Warenverkaufskonten
Klasse 9:   Abschlußkonten

Jede Kontenklasse ist wiederum i. d. R. in 10 Kontengruppen unterteilt, z. B.
   51 Miete und sonstige Sachkosten für Geschäftsräume
   53 Nebenkosten des Finanz- und Geldverkehrs

Jede Kontengruppe kann nach Bedarf wiederum in Kontenarten aufgegliedert werden, z. B.
   521 Gewerbesteuer
   522 Handelskammer- und sonstige Beiträge
   523 Sonstige betriebliche Steuern

Zusammenfassung:
   Kontenrahmen für einen Wirtschaftszweig,
   Kontenplan eines einzelnen Unternehmens,

Kontenklasse (1 Dezimalstelle),
Kontengruppe (2 Dezimalstellen),
Kontenarten (3 Dezimalstellen).
Der neueste Kontenrahmen für das Krankenhauswesen ist noch folgerichtiger gegliedert als der für den Großhandel. Je zwei Kontenklassen sind vorgesehen für Aktivkonten (0+1), für Passivkonten (2+3), für Ertragskonten (4+5) und für Aufwandskonten (6+7). Er ist allerdings ca. 40 Jahre später entwickelt worden.

2.1.4 Die Erfassung der Abschreibung
Abschreibungen sind Wertminderungen, die vor allem die Gegenstände des Anlagevermögens und teilweise auch Posten des Umlaufvermögens (Forderungen, Verluste aus Wertpapierbesitz, Devisenverluste) erfahren und die aufwands- und kostenmäßig erfaßt werden. Das Abschreibungskonto gehört mithin in die Gruppe der Aufwandskonten.
Würde man eine Abschreibung bereits in dem Jahr vornehmen, in dem ein Gegenstand des materiellen oder immateriellen Anlagevermögens (Maschinen, Fuhrpark, Inventar, Gebäude – nicht dagegen Grundstücke –, Patente) angeschafft wird, dann wäre die Erfolgsrechnung dieses Jahres übermäßig belastet. Folglich ist eine Verteilung der Anschaffungswerte auf die gesamte Nutzungsdauer notwendig.
Das Gegenstück zur Abschreibung bildet die Zuschreibung. Diese registriert Werterhöhungen im Zeitablauf, üblich z. B. bei bestimmten Weinen.
Zu hoch angesetzte Abschreibungen werden als außerordentliche Erträge wieder erfaßt, was einer Zuschreibung wirtschaftlich gleichkommt.
1. Abschreibungsursachen
Als primäre Abschreibungsursache ist die Abnutzung der Gegenstände des Anlagevermögens durch Gebrauch anzusehen. Sekundäre Abschreibungsursachen können z. B. sein: technische Veralterung, wirtschaftliche Überholung, Verkürzung der Nutzungsdauer durch Beschädigungen, Substanzverminderungen, Katastrophenverschleiß, Diebstahl und Schwund.
2. Höhe des Abschreibungssatzes
Nicht die Lebensdauer, sondern die Nutzungsdauer des Gegenstandes gibt den Ausschlag für die Höhe des Abschreibungssatzes. Man kann ihn durch Erfahrungswerte ermitteln. Der Wert eines Gegenstandes (= 100 %) wird durch die Anzahl der Nutzungsjahre dividiert, als Ergebnis erhält man den Abschreibungssatz.
Bei der Wahl des Abschreibungssatzes spielen steuerrechtliche Überlegungen eine Rolle. § 7 Einkommensteuergesetz sagt: »Bei Wirtschaftsgütern, deren Verwendung oder Nutzung durch den Steuerpflichtigen zur Erzielung von Einkünften sich erfahrungsgemäß auf einen Zeitraum von mehr als einem Jahr erstreckt, ist jeweils für ein Jahr der Teil der Anschaffungs- oder Herstellungskosten abzusetzen, der bei gleichmäßiger Verteilung dieser Kosten auf die Gesamtdauer der Verwendung oder Nutzung

auf ein Jahr entfällt (Absetzung für Abnutzung in gleichen Jahresbeträgen). Die Absetzung bemißt sich hierbei nach der betriebsgewöhnlichen Nutzungsdauer des Wirtschaftsguts.«

Man ist daher gut beraten, wenn man die Abschreibungssätze zur Kenntnis nimmt, die für eine Vielzahl von Gegenständen in den sog. AfA-Tabellen der Finanzbehörden niedergelegt sind. Hierbei handelt es sich um Höchstsätze, die ohne besonderen Nachweis nicht überschritten werden dürfen. Die AfA-Tabelle für die allgemein verwendbaren Anlagegüter weist für Personenkraftwagen beispielsweise eine Nutzungsdauer von 4 Jahren und mithin einen AfA-Satz von 25 %, für Vervielfältigungsapparate von 5 Jahren = 20 %, für Panzerschränke von 20 Jahren = 5 % aus.

3. Methoden der Abschreibung

a) Unterscheidungsmerkmal: Abschreibungsbetrag

Folgende theoretische Möglichkeiten sind denkbar:

gleichbleibende (lineare oder proportionale) Abschreibung,
abfallende (degressive) Abschreibung,
arithmetisch-degressive (digitale) Abschreibung,
ansteigende (progressive) Abschreibung.

Der Normalfall der Abschreibung aus der Sicht des Steuerrechts ist die lineare, außerdem ist ist unter bestimmten Bedingungen noch die degressive Abschreibung möglich.

Beispiel: Eine Maschine im Anschaffungswert von 10 000,– DM hat eine Nutzungsdauer von 5 Jahren. Die Abschreibungsbeträge nach den genannten vier Abschreibungsmethoden sollen theoretisch erfaßt werden.

Ende des	linear 20 %	degressiv 60 % (steuerlich nicht erlaubt)	digital $5/15 \ldots 1/15$	progressiv $1/15 \ldots 5/15$
1. Jahres	2 000	2 400	3 333	668
2. Jahres	2 000	6 000	2 666	1 333
3. Jahres	2 000	960	2 000	2 000
4. Jahres	2 000	385	1 333	2 666
5. Jahres	2 000	255	668	3 333

b) Unterscheidungsmerkmal: Buchung

Direkte und indirekte Abschreibung treten in der Buchungspraxis auf. In beiden Fällen wird die Sollbuchung auf dem Aufwandskonto »Abschreibungen« vorgenommen. Bei der direkten Abschreibung wird im Haben auf dem entsprechenden Aktivkonto der Wertabgang (keine tatsächliche Minderung der Anlagegegenstände) gebucht; bei der indirekten Abschreibung nimmt das Passivkonto »Wertberichtigungen auf Anlagen« die Habenbuchung auf. Hier wird für den zu hoch angesetzten Aktivposten, z. B. die Einrichtung, ein Korrekturposten auf der Passivseite der Bilanz gebildet.

Beispiele:
direkte Abschreibung auf Einrichtung 1 000,–
direkte Abschreibung auf Forderungen 2 000,–

Abschreibung 1 000,–
an Einrichtung 1 000,–
Abschreibung 2 000,–
an Forderungen 2 000,–

Statt der o. g. direkten Abschreibung soll die indirekte gewählt werden:
Abschreibung 1 000,–
an Wertberichtigungen auf Anlagen 1 000,–
Abschreibung 2 000,–
an Wertberichtigungen auf Forderungen 2 000,–

Bei der indirekten Abschreibung bleiben die Anschaffungswerte auf den Konten erhalten. Bei der indirekten Abschreibung auf Forderungen wird die ursprüngliche Forderungshöhe konserviert. In der Praxis ist die direkte Abschreibung die übliche, lediglich bei Forderungen wird im Normalfall indirekt abgeschrieben.

Zweck der Abschreibung
a) aus der Sicht der Finanzbuchführung
Bei der Anschaffung eines Gegenstandes und der Zahlung dafür findet buchhalterisch nur ein Vermögenstausch statt.
Durch die Abschreibung wird die finanzielle Belastung für den Erwerb von Anlagevermögen entsprechend der Nutzungsdauer im Laufe der Jahre hundertprozentig zu Kosten. Zweck der Abschreibung ist somit die jährliche periodengerechte Abgrenzung der Kosten, was eine richtige Gewinnermittlung nach sich zieht (Auswirkung der Sollbuchung). Die Habenbuchung der Abschreibung führt entsprechend der Wertminderung zu einem richtigen Wertansatz der Posten des Anlagevermögens und evtl. auch bestimmter Teile des Umlaufvermögens in der Bilanz.
Eine Ausnahme der einen längeren Zeitraum dauernden Abschreibung macht die Sofortabschreibung geringwertiger Wirtschaftsgüter nach dem Steuerrecht im Jahr der Anschaffung. Das Wirtschaftsgut darf hierbei nicht mehr als 800,– DM gekostet haben.
Wenn man die Abschreibungsbuchung, z. B. direkte Abschreibung, isoliert betrachtet, könnte man meinen, sie sei ein Steuervorteil, weil der Aufwand den Gewinn, das steuerpflichtige Einkommen des Unternehmers, mindert. Nach einer Gesamtwertung der Abschreibung (a–c) muß man diese Auffassung revidieren.
b) aus der Sicht der Kostenrechnung
Aufgabe der Kalkulation ist es, das Fertigprodukt so mit Abschreibungsbeträgen zu belasten, wie der Wertminderung bei seiner Erstellung entspricht. Erleidet eine Maschine im Laufe eines Jahres einen Wertverschleiß von 1 000,– DM und könnten mit ihr in diesem Jahr 1 000 Stück eines

Erzeugnisses hergestellt werden, so beträgt die kalkulatorische Abschreibung 1 000,– DM oder 1,– DM pro Stück.
Ein Unternehmer, der eine Wertminderung durch Abnutzung bei der Kalkulation unberücksichtigt ließe, könnte im Laufe der Zeit keine Ersatzinvestition tätigen, weil ihm keinerlei Gegenwerte als Ausgleich für den Verschleiß zuflössen. Um diesem Mißstand zu begegnen, erfaßt er den Wertverlust als kalkulatorische Abschreibung.

c) aus erneuter Sicht der Finanzbuchführung
Wenn alle erzeugten Produkte eines Jahres, die mit ihren Abschreibungsanteilen belastet sind, verkauft werden und der Erlös eingeht, bekommt der Unternehmer in dem Preis entsprechende Abschreibungsbeträge erstattet. Diese schlagen sich zum einen in den Zahlungsmittelkonten (Kasse, Bank, Postscheck) nieder (Sollbuchung), zum anderen enthalten die Umsatzerlöse (Habenbuchung auf dem Erfolgskonto) die tatsächlich eingegangenen Abschreibungsanteile.

Greift man das obige Zahlenbeispiel wieder auf, würde in der Sicht der G+V-Rechnung im Soll ein Aufwand von 1 000,– DM als Abschreibung erscheinen, zum anderen steckte eine kalkulatorische Abschreibung von 1 000,– DM auf dem Ertragskonto »Warenverkauf«. Von einem Steuervorteil der Abschreibung kann nicht mehr gesprochen werden, weil sich Aufwendungen und Erträge hier die Waage halten.

Aus bilanzieller Sicht vermindert sich der Wert der Maschine um 1 000,– DM, während der Abschreibungsbetrag als Teil des Umsatzes bei den Zahlungsmittelkonten eingeht. Eine Vermögenseinbuße ist unter den genannten Bedingungen nicht eingetreten, sondern nur eine Vermögensumschichtung.

Überblick über die in Handel und/oder Industrie typischen Erfolgskonten

Zweckaufwendungen	Zweckerträge
Rohstoffkosten	Warenverkauf der verschiedenen Warengruppen
Hilfsstoffkosten	
Betriebsstoffkosten	Erlöse aus Fertigerzeugnissen
Brenn- und Treibstoffkosten	Erlöse aus Handelswaren
Energiekosten	Erlöse aus Nebengeschäften
Fertigungslöhne	Zinserträge
Hilfslöhne	Skontierträge
Gehälter	
Gesetzliche Sozialkosten	
Freiwillige Sozialkosten	
Instandhaltungen	
Steuern, Abgaben, Pflichtbeiträge	
Versicherungsprämien	
Raumkosten	
Allgemeine Verwaltungskosten	
Versandkosten	
Werbekosten	

Abschreibungen
Zinsaufwendungen
Skontoaufwendungen

Neutrale Aufwendungen
Betriebsfremde Aufwendungen
Betriebseigene außerordentliche
  Aufwendungen
Periodenfremde Aufwendungen

Neutrale Erträge
Betriebsfremde Erträge
Betriebseigene außerordentliche Erträge
Periodenfremde Erträge

2.2 Die Aufbereitung der Kameralistik für Zwecke der Erweiterten Kameralistik

Die kostenrechnenden Einrichtungen als Teile der kommunalen Verwaltung werden durch das kamerale Rechnungswesen erfaßt. Kernstück der Kameralistik sind die Aufstellung und Ausführung des Haushaltsplanes sowie der Nachweis von Vermögen und Schulden.
Die wesentlichen Kategorien der Verwaltungsbuchführung sind Ausgaben und Einnahmen; aus ihrer Gegenüberstellung ergibt sich, ob ein Ausgleich, ein Überschuß oder ein Fehlbetrag eintreten wird oder eingetreten ist. Wegen des finanzwirtschaftlichen Charakters sagt dieses Rechnungswesen über den Erfolg oder den Gebührenbedarf einer bestimmten Organisationseinheit nichts aus.
Das neue Haushaltsrecht hat gegenüber dem alten den Vorteil, daß es grundsätzlich vermögenswirksame Vorgänge dem Vermögenshaushalt und nichtvermögenswirksame Vorgänge dem Verwaltungshaushalt zuordnet. Damit wurde in einer Hinsicht bereits eine gewisse Annäherung an das System der doppelten Buchführung vollzogen, denn vermögenswirksame Posten in der Kameralistik haben aus der Sicht der kaufmännischen Buchführung eine Bestands- oder Bilanzwirksamkeit. Nichtvermögenswirksame Posten – man achte hier auf die Negativformulierung in der kameralistischen Terminologie – sind fast ausnahmslos mit erfolgswirksamen Vorgängen in der kaufmännischen Buchführung zu identifizieren – Erfolgswirksamkeit drückt den gleichen Tatbestand positiv aus.
Die nichtvermögenswirksamen Ausgaben und Einnahmen lassen sich weiter gliedern, je nachdem, ob sie mit dem Betriebszweck in Verbindung stehen oder nicht.
Darüber hinaus fließt kostenrechnerisches Gedankengut neuerdings in die Kameralistik ein, wenn man sich dessen erinnert, daß für kostenrechnende Einrichtungen nach § 12 GemHVO kalkulatorische Abschreibungen und kalkulatorische Zinsen im Haushaltsplan zu veranschlagen und zu verrechnen sind.
Soll für eine Organisationseinheit mit typischem Betriebscharakter eine

Erweiterte Kameralistik aufgebaut werden, sind alle Einnahmen und Ausgaben der Kameralistik entsprechend dem Gliederungsschema »Vermögensrechnung«, »neutrale Rechnung« und »Wirtschaftsrechnung« zu ordnen. Auch Kosten, die keine Ausgaben darstellen, müssen hier berücksichtigt werden.

2.2.1 Die Vermögensrechnung

Jede Geldbewegung wird zunächst daraufhin überprüft, ob sie im Sinne der Kameralistik vermögenswirksam oder – was zum gleichen Ergebnis führt – im Sinne der kaufmännischen Buchführung bestandswirksam ist.
Eine Haushaltsausgabe, die getätigt wurde, um einen Vermögensgegenstand zu erwerben, z. B. Anschaffung eines Personenkraftwagens, erfüllt ebenso die Vermögenswirksamkeit wie die Tilgung von Schulden. Aus der Sicht der kaufmännischen Buchführung werden bei beiden Beispielen in den jeweiligen Buchungssätzen nur Bestandskonten berührt. Zum einen hat sich durch die Ausgabe die Vermögensstruktur geändert, zum anderen wurde die Höhe der Schulden verringert.
Eine vermögenswirksame Haushaltseinnahme kann dadurch entstehen, daß ein Vermögenswert abgestoßen wird, z. B. Verkauf eines gebrauchten Einrichtungsgegenstandes gegen Barzahlung, oder dadurch, daß es zu einer Darlehnsaufnahme kommt und der Gegenwert eingeht. Die Einnahme resultiert in den genannten Beispielen einmal aus der Veränderung der Vermögenssubstanz und zum anderen aus dem Anwachsen der Schulden. Von Vermögenswirksamkeit kann somit auch ausgegangen werden, wenn das Fremdkapital zunimmt. Auch auf diese Weise verändern sich zweifellos die Vermögensverhältnisse.
Im Zusammenhang mit der Prüfung der Zahlungsvorgänge auf ihre Vermögenswirksamkeit hin werden die Probleme der Vermögenserfassung (Vermögensbestände) und der Vermögensbewertung ausgeklammert; hier sind lediglich die laufenden Vermögensveränderungen angesprochen und bedeutsam.
Die Gegenüberstellung der vermögenswirksamen Einnahmen und Ausgaben läßt erkennen, ob ein Ausgleich erzielt wurde oder ob sich durch die Vermögensveränderungen im weitesten Sinne eine Liquiditätsvermehrung (Überschuß) oder Liquiditätsverminderung (Fehlbetrag) ergeben hat.

2.2.2 Die neutrale Rechnung

Die neutrale Rechnung erfaßt die Ausgaben und Einnahmen, die keinen direkten Bezug zum eigentlichen Betriebszweck haben oder die nicht dieser Rechnungsperiode zugehören. Im allgemeinen werden dieser Rubrik nur wenige erfolgswirksame Posten zugeordnet, weil solche Vorgänge in den kostenrechnenden Einrichtungen verhältnismäßig selten auftreten.
Die Gegenüberstellung könnte einen Ausgleich der neutralen Rechnung

ausweisen, die wahrscheinlicheren Ergebnisse sind jedoch ein positives oder ein negatives neutrales Ergebnis.

2.2.3 Die Wirtschaftsrechnung (Kosten- und Erlösrechnung)

Die Wirtschaftsrechnung erfaßt die Posten, die nicht vermögenswirksam und nicht neutral sind. Hier werden die Kosten und Erlöse gesammelt, einander gegenübergestellt und in der Regel weiter verrechnet. Die Wirtschaftsrechnung weist nicht nur erfolgswirksame betriebsbezogene Ausgaben nach, sondern auch bestimmte kalkulatorische Kosten, denen im Augenblick der Kalkulation keine Ausgaben gegenüberstehen.

Liegen die Erlöse höher als die Kosten, spricht man von einer Kostenüberdeckung, übersteigen dagegen die Kosten die Erlöse, ist eine Kostenunterdeckung festzustellen. Den theoretischen Grenzfall bildet der exakte Ausgleich von Kosten und Erlösen.

Neben den Einzelergebnissen (2.2.1–2.2.3) könnten noch weitere Gesamtergebnisse ermittelt werden:

Das *finanzwirtschaftliche* Ergebnis erfaßt die Gegenüberstellung aller vermögenswirksamen und erfolgswirksamen Einnahmen und Ausgaben, so daß der Ausgleich, der Überschuß oder der Fehlbetrag zu errechnen ist.

Das *erfolgswirtschaftliche* (oder betriebswirtschaftliche) Ergebnis umfaßt alle erfolgswirksamen Ausgaben und erfolgswirksamen Einnahmen. Im Einzelfall müssen die kalkulatorischen Kosten daraufhin untersucht werden, ob sie unverändert oder bereinigt zu übernehmen sind oder ob sie gar ausgegliedert werden müssen. Ziel dieser Rechnung ist die Feststellung des Gewinns oder des Verlustes.

Die Posten der Wirtschaftsrechnung nehmen in der Regel unter allen Werten den größten Raum ein. In der Folge der Zuordnung stehen sie deswegen an dritter Stelle, weil sie nach ihrer Erfassung in der Regel weiter aufgeteilt werden, nicht dagegen die neutralen und die vermögenswirksamen Einnahmen und Ausgaben.

Jedes Verfahren der Erweiterten Kameralistik muß bei den Einnahmen und Ausgaben beginnen. Die kostenrechnerisch relevanten Werte werden über das dargestellte Gliederungsschema herausgefiltert.

Die Ableitung der Kosten und Erlöse usw. aus den Ausgaben und Einnahmen wird am Beispiel eines Vieh- und Schlachthofes der Gemeinde X verdeutlicht:

Ausgaben	HH-Soll	HÜK	1.1.–31.12.19... Vermögens-rechnung	neutrale Rechnung	Wirtschafts-rechnung
Persönliche Ausgaben	900 000,–	910 207,–			910 207,–
sächliche Ausgaben	25 000,–	26 335,–			26 335,–
Unterhaltung von unbeweglichem Vermögen	50 000,–	49 931,–			49 931,–
Aufwendungen für besondere Zwecke	300,–	20,–			20,–
Unterhaltung und Instandsetzung von beweglichem Vermögen	40 000,–	28 734,–			28 734,–
Materialkosten	18 000,–	16 451,–			16 451,–
Lagerbestandszugänge	3 000,–	1 567,–	1 567,–		
Futter- und Streukosten	40 000,–	35 868,–			35 868,–
Sachausgaben für Betriebspersonal	11 000,–	10 926,–			10 926,–
Mieten	3 000,–	2 931,–			2 931,–
Vergütung für Aushilfstierärzte	26 000,–	27 417,–			27 417,–
Vermischte Ausgaben	100,–	–,–			–,–
Zuführung an Erneuerungsrücklage für bewegl. Verm.	95 000,–	94 300,–	94 300,–		
Zuführung an Erneuerungsrücklage für unbew. Verm.	114 300,–	110 878,–	110 878,–		
Umbauten und Ergänzungsbauten	105 000,–	104 900,–	104 900,–		
Neuanschaffung an Einrichtungsgegenständen	120 000,–	72 658,–	72 658,–		
kalkulatorische Abschreibungen	108 000,–				108 000,–
Schuldendienst: Zinsen	19 700,–	19 698,–			19 698,–
Schuldendienst: Tilgung	12 180,–	12 180,–	12 180,–		
Betriebsfremde Aufwendungen	1 000,–	685,–		685,–	
	1 691 580,–	1 525 686,–	396 483,–	685,–	1 235 938,–
Einnahmen Vermögenswirksame Einnahmen	511 000,–	470 315,–	470 315,–		
Zinsen aus der Rücklage	10 580,–	8 431,–		8 431,–	
Benutzungsgebühren	1 170 000,–	1 050 784,–			1 050 784,–
	1 691 580,–	1 529 530,–	470 315,–	8 431,–	1 050 784,–

2.3 Strukturelle Unterschiede zwischen kaufmännischer Buchführung und Kameralistik

Unterscheidungsmerkmal: Zeitraum

Der Jahresabschluß (Bilanz sowie Gewinn- und Verlustrechnung) ist eine Rechnung mit Istwerten, somit eine Nachschaurechnung (Ex-post-Rechnung). Als Teil des kaufm. Rechnungswesens werden neben der Bilanz bestimmte Pläne, z. B. Produktionspläne, Absatzpläne, Finanzpläne usw. erstellt, die auf die Zukunft gerichtet sind.	Der Haushaltsplan als der wesentlichste Bestandteil der Kameralistik arbeitet mit geschätzten Werten und ist eine Vorschaurechnung (Ex-ante-Rechnung). Neben den Ansätzen des Haushaltsplanes werden die tatsächlich gebuchten Einnahmen und Ausgaben in der Jahresrechnung erfaßt, die eine Rückschaurechnung darstellt.

Unterscheidungsmerkmal: Wirtschaftliche Orientierung

Als Hauptzweck der kaufm. Buchführung wird die Ermittlung des Erfolges (Gewinn, Verlust) und die Feststellung des Vermögens und der Schulden angesehen (überwiegend erfolgswirtschaftliche Orientierung).	Der Zweck der Kameralistik ist es, Einnahmen und Ausgaben aufeinander abzustimmen. Auf den Haushaltsausgleich kommt es an (finanzwirtschaftliche Orientierung).

Unterscheidungsmerkmal: Buchungsweise

Die kaufmännische Doppelbuchung (Soll an Haben) vermerkt die Herkunft und den Verbleib des gebuchten Betrages.	Bei der kameralistischen Buchung werden die Ist-Ausgaben/-Einnahmen den Soll-Ausgaben/-Einnahmen gegenübergestellt. Liegen die Soll-Ausgaben/-Einnahmen höher als die Ist-Ausgaben/-Einnahmen, werden entsprechende Reste gebildet.

3 Begriffliche Abgrenzungen

Der Nichtfachmann neigt dazu, die Begriffe »Ausgaben«, »Aufwendungen«, »Kosten« sowie »Einnahmen«, »Erträge«, »Erlöse« einander gleichzusetzen; der Kostenrechner muß diese jedoch klar voneinander trennen können, soweit sie nicht identisch sind.
Das Begriffspaar Ausgaben – Einnahmen ist der Kameralistik zuzuordnen, in der kaufmännischen Buchführung werden diese Termini lediglich im Zusammenhang mit den Zahlungsmittelkonten (Kasse, Bank, Postscheck) verwendet.
Aufwendungen neben Erträgen gehören zu den typischen Ausdrucksweisen der doppelten Buchführung; die Erfolgsrechnung stellt sie einander gegenüber, um den Gewinn oder Verlust zu ermitteln.
Der Kostenbegriff ist dominierend in der Betriebsbuchführung. Als Gegenstück zu den Kosten werden in der Erweiterten Kameralistik (nicht in der privatwirtschaftlichen Kostenrechnung) noch die Erlöse benötigt, um festzustellen, ob das Gebührenaufkommen kostendeckend ist, und um über die Wirtschaftlichkeit des Betriebes eine Aussage treffen zu können.

3.1 Ausgaben – Aufwendungen – Kosten

Grundsätzlich hat der Begriff »Ausgaben« den weitesten Umfang. Er umfaßt einerseits eine Liquiditätsminderung (Habenbuchung in der kaufmännischen Buchführung auf einem Liquiditätskonto).
Zum anderen kommt es darauf an, für welchen Zweck die Ausgabe geleistet wird. Dabei sind zwei Möglichkeiten denkbar. Erstens kann ein Vermögenswert dafür erworben werden, oder Schulden sind getilgt worden. Hierbei handelt es sich aus der Sicht der Kameralistik um eine vermögenswirksame Ausgabe, aus der Sicht der Doppik würde man exakter von einer bestandswirksamen Ausgabe sprechen, weil die Sollbuchung auf einem Bestandskonto durchgeführt wird. – Zweitens kann die Ausgabe erfolgswirksam sein. Aus der Sicht der kaufmännischen Buchführung sind Aufwendungen beglichen worden, die zwar den Gewinn mindern, die man aber tätigen muß, um Erträge zu erzielen (ohne Aufwand keinen Ertrag). Der Begriff »Ausgaben« deckt daher auch alle gesamten Aufwendungen ab, weil sie grundsätzlich zahlungswirksam sind.

Unter Aufwendungen versteht die Betriebswirtschaftslehre jeden Sachgüter- und/oder Leistungsverzehr. Verarbeitet ein Betrieb Material, entsteht ein Sachgüterverzehr; nimmt er die Arbeitskraft des Personals in Anspruch, ist die Leistung des Arbeitenden »verbraucht« worden.
Wenn Aufwendungen dem eigentlichen Betriebszweck dienen, dann heißen sie »Zweckaufwendungen«. Stehen sie mit der eigentlichen Betriebstätigkeit nicht oder weniger in Bezug, so werden sie »neutrale Aufwendungen« genannt.
Die Zweckaufwendungen sind stets zugleich »Grundkosten«. Insoweit decken sich die beiden genannten Begriffe vollends. Negativ ausgedrückt: neutrale Aufwendungen stellen keine Grundkosten oder Kosten dar.
Der Begriff »Kosten« ist auf der einen Seite enger als der Begriff »Aufwand«, auf der anderen Seite reicht er über ihn hinaus. Denn Kosten brauchen im Gegensatz zu den Aufwendungen nicht immer Ausgaben zu sein. Kosten, die über die »Grundkosten« hinausgehen, bezeichnet man als »kalkulatorische Kosten« oder als »Zusatzkosten«. Einschränkend kann von ihnen behauptet werden, daß sie zumindest im Augenblick der Kalkulation keine Ausgaben sind.
Demnach läßt sich der für die Kostenrechnung typische Begriff – wie folgt – bestimmen: Kosten sind der wertmäßige Sachgüter- und/oder Leistungsverzehr einer Unternehmung oder eines Betriebes in einer Rechnungsperiode. Zu ihnen gehören die Grundkosten und die kalkulatorischen Kosten.
Der gegenseitige Umfang der einzelnen Begriffe läßt sich an folgendem Schaubild verdeutlichen:

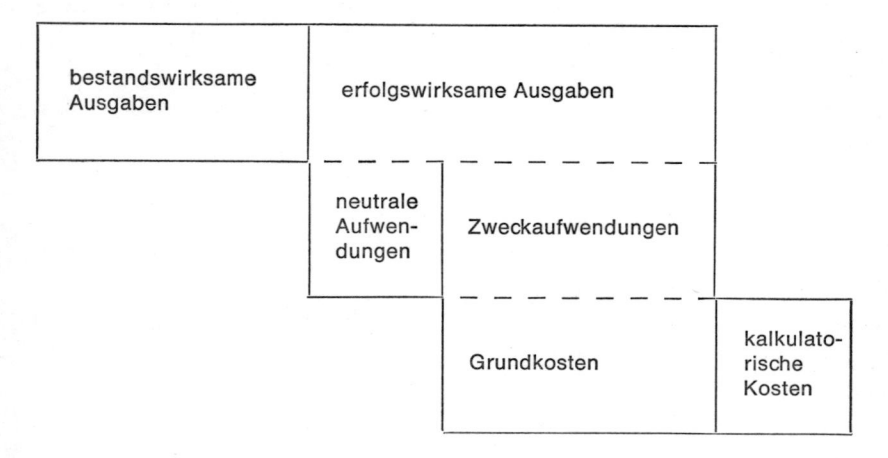

bestandswirksame Ausgaben	erfolgswirksame Ausgaben		
	neutrale Aufwendungen	Zweckaufwendungen	
		Grundkosten	kalkulatorische Kosten

3.2 Einnahmen – Erträge – Erlöse

Wie bei den Ausgaben ist der Begriff »Einnahmen« wesentlich umfangreicher als der der »Erträge« und der »Erlöse«.
Einnahmen bedeuten aus der Sicht der kaufmännischen Buchführung eine Sollbuchung auf einem Liquiditätskonto, was eine Zunahme an Geldmitteln signalisiert. Die Habenbuchung zeigt den Grund für den Liquiditätszufluß an. Einnahmen sind vermögenswirksam oder bestandswirksam, wenn sich ein anderer Aktivposten vermindert (Kunde bezahlt unsere Forderung bar) oder sich ein Passivposten erhöht (die Bank schreibt einen Darlehnsbetrag unserem Girokonto gut).
Einnahmen sind erfolgswirksam, wenn die Habenbuchung auf einem Ertragskonto stattfindet, z. B. unserem Bankkonto werden Zinsen gutgeschrieben.
Erträge repräsentieren Wertzuwächse. Stehen sie mit dem eigentlichen Betriebszweck in Verbindung, kann man sie entsprechend der Aufgliederung der Aufwendungen als Zweckerträge bezeichnen. Haben dagegen die Erträge keinen oder lediglich einen untergeordneten Bezug zur Betriebstätigkeit, gehören sie der Kategorie der neutralen Erträge an. Man denke hier z. B. an Erträge aus Mieten für Werkswohnungen.
Die Zweckerträge sind mit den Erlösen gleichzusetzen, z. B. Verkauf von Fertigerzeugnissen bar.
Folgende Abbildung läßt den Umfang der genannten Begriffe eindeutig erkennen, wobei jeder nachfolgende Terminus einen engeren Umfang als der vorhergehende hat (im Gegensatz zu den Aufwendungen und Kosten, wobei deren unterschiedliche Begriffsweite von vornherein nicht eindeutig bestimmt werden kann. Im Normalfall übersteigt die Summe der kalkulatorischen Kosten die der neutralen Aufwendungen):

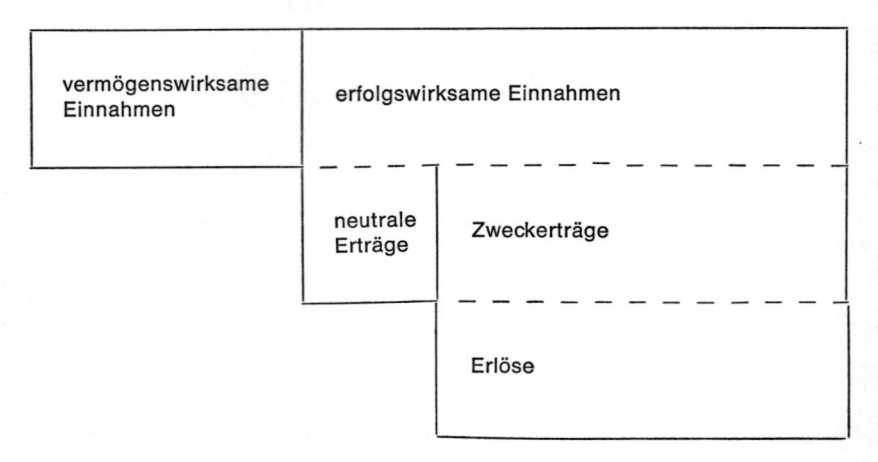

vermögenswirksame Einnahmen	erfolgswirksame Einnahmen	
	neutrale Erträge	Zweckerträge
		Erlöse

3.3 Herstellungskosten – Selbstkosten

Der Kostenrechner muß die Basis der Herstellungskosten und der Selbstkosten voneinander trennen können.
Der Verzehr von Sachgütern und Dienstleistungen, der bei der Produktion eines Erzeugnisses entsteht, zählt zu den Herstellungskosten. Diese setzen sich zusammen aus den Materialkosten (Materialeinzelkosten, Materialgemeinkosten) und den Fertigungskosten (Fertigungseinzelkosten, Fertigungsgemeinkosten). Zu den Herstellungskosten rechnen nicht die Kosten für die allgemeine Verwaltung (Verwaltungsgemeinkosten), wohl dagegen die Verwaltungsgemeinkosten, die auf den Material- und Fertigungsbereich entfallen. Ebenso gehören die Vertriebsgemeinkosten nicht zu den Herstellungskosten.
Die Herstellungskosten der Industriebetriebe umfassen z. B. Fertigungslöhne, Lagerkosten, Transportkosten und Prüfungskosten des Fertigungsmaterials, Raumkosten, Sachversicherungskosten, Kosten des Lohnbüros, soweit in ihnen die Löhne der Material- und Fertigungsstelle errechnet werden, und Abschreibungen auf Güter, die bei der Fertigung des Erzeugnisses benutzt wurden.
Die Ebene der Herstellungskosten hat neben der kalkulatorischen eine steuerliche Bedeutung. Kalkulatorisch treten die Herstellungskosten insbesondere bei dem Betriebsabrechnungsbogen auf; sie übernehmen die Funktion einer Zuschlagsgrundlage. Einkommensteuerrechtlich ist dieser Begriff bedeutsam für solche Güter, die nicht angeschafft, sondern von dem Betrieb selbst hergestellt worden sind. Sollen die Abschreibungsbeträge für solche Gegenstände festgesetzt werden, damit der Verschleiß in richtiger Höhe in die Erfolgsrechnung eingeht, benötigt man eine entsprechende Ausgangsgröße, nämlich den Herstellungswert, der die Summe der genannten Kosten (Herstellungskosten) ist.
Die Selbstkosten umfassen alle die Kosten, die bei der Herstellung und beim Verkauf eines Gutes entstehen. In ihnen sind die Herstellungskosten enthalten, hinzu kommen Verwaltungs- und Vertriebsgemeinkosten. Gewinnzuschläge sind noch nicht in den Selbstkosten erfaßt.
Die Selbstkosten bilden die Grundlage für die Kalkulation der Preise. Dieser Kostenebene werden die Gewinnzuschläge, die Mehrwertsteuer und ggf. Verkaufsabzüge (Rabatt, Skonti) hinzugerechnet, wenn der Verkaufspreis für die Güter ermittelt werden soll.
Selbstkosten kann man sowohl auf eine bestimmte Produktionsmenge als auch auf eine Einheit der produzierten Güter (Stückkosten, Durchschnittskosten) beziehen.

4 Die Erfassung der Kosten

Je nach der Art der Produktion kann die Kostenerfassung unterschiedlich gehandhabt werden. Zum einen kommt es in der Betriebsbuchführung vor, daß die Grundkosten und die kalkulatorischen Kosten unmittelbar festzustellen sind; zum anderen ist zuvor eine Einteilung der Kosten entweder in fixe und variable Kosten oder in Einzel- und Gemeinkosten notwendig. Die letztgenannte Gliederung praktiziert man am häufigsten in Industriebetrieben, sie läßt eine rationelle Kalkulation zu.

4.1 Fixe Kosten – variable Kosten

Fixe oder feste Kosten (K_f) bezeichnet man als Kosten der Betriebsbereitschaft. Sie sind in hohem Maße unabhängig von dem Auslastungsgrad und bleiben völlig (absolut fixe Kosten) oder in etwa gleich, z. B. Zinsen, Mieten, Grundsteuer, Teile der Abschreibung, Kosten der Mindestbewachung sowie die langfristig festgelegten Gehälter. Ändert sich die Ausbringungsmenge, hat das in der Regel keinen Einfluß auf die Kosten, deren Höhe in bestimmtem Rahmen gleichbleibt.

Unter variablen Kosten (K_v) versteht man bewegliche oder veränderliche Kosten, deren Höhe mit einer Produktionssteigerung wächst oder mit einer Produktionseinschränkung abnimmt (z. B. Materialkosten). Der Anstieg dieser Kosten kann bei Ausweitung der Produktion tendenziell proportional, überproportional oder unterproportional verlaufen.

Beide Kostenbegriffe beziehen sich in ihrer Deutung auf die Gesamtproduktion innerhalb einer bestimmten Rechnungsperiode.

Die Gesamtkosten (K_g) einer Produktion setzen sich mithin aus den fixen und variablen Kosten zusammen. Ein Kalkulationsbeispiel soll die Aussagen veranschaulichen.

Für einen Personenkraftwagen des Fuhrparks, einen Mittelklassewagen im Anschaffungswert von 12 000,– DM, entstehen folgende Kosten:

Fixe Kosten pro Jahr		Variable Kosten pro 100 km	
Kfz-Steuer	193,–	Kraftstoff	9,60
Kfz-Haftpflichtversicherung	686,–	Öl	0,83
Teilkasko	69,–	Reparaturen	8,23
Garagekosten	480,–	Wertminderung	2,78
Grundabschreibung	1 715,–	Bereifung	1,53
Verzinsung	720,–		DM 22,97
	DM 3 863,–		

Ermittlung der Gesamtkosten pro Jahr bei alternativen Jahresfahrleistungen:

von (km)	K_f	+	K_v	=	K_g
10 000	3 863,—	+	2 297,—	=	6 160,—
15 000	3 863,—	+	3 445,50	=	7 308,50
20 000	3 863,—	+	4 594,—	=	8 457,—
25 000	3 863,—	+	5 742,50	=	9 605,50
30 000	3 863,—	+	6 891,—	=	10 754,—

Ermittlung der Stückkosten (k_g) im Jahr bei alternativer Jahresfahrleistung (fixe Stückkosten = k_f, variable Stückkosten = k_v, gesamte Stückkosten = k_g)

von (km)	k_f	+	k_v	=	k_g	=	k_g
10 000	0,3863	+	0,2297	=	0,616	=	0,62
15 000	0,2575	+	0,2297	=	0,4872	=	0,49
20 000	0,1932	+	0,2297	=	0,4229	=	0,42
25 000	0,1545	+	0,2297	=	0,3842	=	0,38
30 000	0,1288	+	0,2297	=	0,3585	=	0,36

Erklärungen:
Bei den Fixkosten wird der Teil der Wertminderung als Grundabschreibung angesetzt, der unabhängig von der Fahrleistung eintritt, z. B. Veralterung. – Als Verzinsung wird 6 % pro Jahr vom Anschaffungswert kalkuliert. Es braucht hierbei nicht zwischen Eigen- und Fremdkapital differenziert zu werden.
Die variablen Kosten (K_v) nehmen bei ansteigender Jahresfahrleistung von jeweils 5 000 km um DM 1 148,50 zu, das ist ein proportionaler Kostenanstieg. Die Fixkosten (K_f) und die variablen Kosten (K_v) verhalten sich im Sinne der Begriffsdeutungen. Die fixen Stückkosten oder fixen Durchschnittskosten pro km fallen bei zunehmender Jahresfahrleistung, weil sie sich auf immer mehr Kilometer verteilen. Die fixen Stückkosten ergeben sich aus K_f: Anzahl der km = k_f.

Die variablen Stückkosten bleiben gleich, pro km belaufen sie sich immer auf 0,2297 DM. Wollte man sie jeweils rechnerisch ermitteln, müßte man dividieren K_v: Anzahl der km = k_v.
Die gesamten Stückkosten kann man entweder errechnen aus K_g: Anzahl der km = k_g oder $k_f + k_v$ bei gleicher Kilometerleistung = k_g.
Kalkulatorisch bedeutsam ist die Entwicklung der Durchschnittskosten (k_g) bei steigender Jahresfahrleistung. Hierin spiegelt sich das Gesetz der Massenproduktion, wonach die Kosten je Stück bei steigender Produktionsmenge bis zu einem bestimmten Punkt sinken. Die kostenmindernde Wirkung ist auf die fixen Stückkosten zurückzuführen, die bei zunehmender Ausbringungsmenge niedriger werden.
Unabhängig von diesem Einzelbeispiel ist mit dieser Gesetzmäßigkeit generell die kostensenkende Wirkung der Massenproduktion erwiesen.

4.2 Einzel- und Gemeinkosten

Eine für die Kalkulation der Betriebe unterschiedlich bedeutsame Klassifizierung stellt das Begriffspaar Einzel- und Gemeinkosten dar.
Unter Einzelkosten versteht man solche, die dem Erzeugnis verursachungsgemäß direkt zugerechnet werden können, z. B. Fertigungsmaterial und Fertigungslöhne.
In einer Reifenfabrik werden unterschiedliche Reifentypen für Personen- und Lastkraftwagen erstellt. Für jeden Reifentyp lassen sich ohne Schwierigkeit die Rohstoffanteile (Fertigungsmaterial) bemessen. Arbeitet jemand an einer Maschine, die Reifen für X-Autos produziert, kann auch der Fertigungslohnanteil des Arbeiters bestimmt werden, wenn auf der einen Seite die Lohnkosten pro Stunde ermittelt worden sind und andererseits die Menge der Reifen bekannt ist, die der Arbeiter in der Stunde an der Maschine herstellt.
Gemeinkosten sind solche Kosten, die dem Einzelprodukt nicht direkt zugeordnet werden können, sie müssen von allen Erzeugnissen des Betriebes gemeinsam getragen werden. Sie sind daher mit Hilfe bestimmter Schlüssel den Kostenstellen oder im Einzelfall den Kostenträgern zuzurechnen, z. B. Materialgemeinkosten, Fertigungsgemeinkosten, Verwaltungskosten, Vertriebsgemeinkosten.
Ein Hilfsarbeiter leistet z. B. bei der Produktion von drei verschiedenen Reifentypen Dienste. Sein Lohn (Fertigungsgemeinkosten) muß entsprechend der Zeit, die er durchschnittlich für jeden einzelnen Reifentyp aufwendet, auf das Produkt verteilt werden. Der Zeitanteil je Produkt läßt sich durch Arbeitszeitanalyse feststellen.
Wie die Beispiele zeigen, hat diese Kostenverrechnung in der Kalkulation der Privatwirtschaft ihren Schwerpunkt. Auch in wirtschaftlichen Unternehmungen der öffentlichen Hand und in Eigenbetrieben ist sie anzu-

treffen. In den kostenrechnenden Einrichtungen dagegen kommt man in der Regel auch ohne diese Einteilung aus, nur selten wird hier, wie noch zu zeigen sein wird, eine solche Gliederung benötigt.
Der Grund für die unterschiedliche Bedeutung dieses Begriffspaares innerhalb der Kostenrechnung ist einmal darin zu suchen, daß die Kalkulation der Privatwirtschaft bei ihrem Aufbau nicht darauf zu achten braucht, sämtliche Kosten in jeder Rechnungsphase zu erfassen. So werden die Einzelkosten aus Wirtschaftlichkeitserwägungen häufig genug um die Kostenarten- und Kostenstellenrechnung herumgeführt, sie erscheinen erst wieder in der Kostenträgerrechnung. Die Erfolgsrechnung der kaufmännischen Buchführung läßt außerdem jederzeit Schlüsse zu, ob der Betrieb rentabel und wirtschaftlich arbeitet oder nicht.
Da die Kameralistik keine Trennung der erfolgswirksamen Vorgänge in Kosten und Erlöse kennt, lassen sich aus dem zugrunde liegenden Rechnungswesen nicht unmittelbar Wirtschaftlichkeitsüberlegungen ableiten. Weil spätestens in der Kostenstellenrechnung den Kosten die Erlöse jeder Kostenstelle zugeordnet werden, geht es nicht an, in der Kostenaufstellung einen Teil der Kosten, z. B. die Einzelkosten, wegzulassen. Sonst ließe sich nicht ermitteln, inwieweit die einzelne Kostenstelle kostendeckend arbeitet. Die Erweiterte Kameralistik ist grundsätzlich eine »Vollkostenrechnung«, d. h., sie bezieht alle Kosten – ohne etwaige Gliederung in Einzel- und Gemeinkosten – in ihre Rechnung ein.
Lediglich bei Ermittlung der Kosten von innerbetrieblichen Leistungen kann eine derartige Einteilung in kostenrechnenden Einrichtungen der Gemeinde notwendig werden, worauf die Fachliteratur hinweist. Bei Selbstanfertigung von Anlagen, z. B. Umbau eines Lastkraftwagens im Fuhrpark, reicht es nicht aus, lediglich die Fertigungsstunden der Kraftfahrzeugmechaniker und das Fertigungsmaterial zu ermitteln, mithin die Einzelkosten, auch die Fertigungs- und Materialgemeinkosten sind zu erfassen, wenn man die Herstellungskosten der Anlage errechnen will.
In öffentlichen Einrichtungen werden bisweilen die Personalkosten in Einzelkosten (= Produktivlohn) und in Gemeinkosten (= Lohnnebenkosten wie Arbeitsausfall-, Feiertags-, Urlaubs-, Krankenlohn, Sozialversicherungsbeiträge, Zusatzversorgungskasse, Verwaltungskostenanteil etc.) untergliedert.
Fallen bei der Straßenreinigung für eine Sonderreinigung an Produktivlohn 100,– DM an und ist der Gemeinkostenanteil 92 % (= 92,– DM), so belaufen sich die gesamten Personalkosten, die durch Gebühren zu decken sind, auf 192,– DM. Ebenso lassen sich die Personalkosten der Müllabfuhr zueinander in Relation setzen, wenn diese bei Leistungen für Dritte berechnet werden, so daß dem Produktivlohn die Lohngemeinkosten zugeschlagen werden.

4.3 Kalkulatorische Abschreibungen

Zu den kalkulatorischen Kosten gehören in kostenrechnenden Einrichtungen einerseits und in Eigenbetrieben sowie Eigengesellschaften andererseits die kalkulatorischen Abschreibungen. Diese sind deshalb von solch großer Tragweite, weil die meisten kommunalen Betriebe über ein großes Anlagevermögen verfügen und es bei ihrer Produktion benötigen. Man denke an die Entwässerung oder an die Müllabfuhr. Der Erwerb dieses Vermögens ist zunächst ein bestandswirksamer Vorgang mit der Folge, daß der Anlagewert zu- und die Liquidität abnimmt. Dieses Vermögen nutzt sich im Laufe der Zeit ab, d. h., die Bestände vermindern sich kontinuierlich und werden in gleichem Maße zu Kosten[1].
Zweck der kalkulatorischen Abschreibung ist es daher, den jährlichen Nutzungsverschleiß zu erfassen und ihn in die Kosten- und Gebührenkalkulation zu überführen. Der Empfänger einer Leistung oder der Erwerber eines Sachgutes erstattet dem Veräußerer mit seiner Gebührenzahlung u. a. auch den Anteil, der auf die Abnutzung entfällt. Das Prinzip der Abschreibung besteht darin, die Anlagewerte im Laufe der Zeit über den Verkauf der Güter in Geldwerte umzuwandeln. Sind genügend Geldwerte angesammelt worden, können bei früherer Eigenfinanzierung der Investitionen entsprechende Ersatzinvestitionen getätigt werden. Mithin findet wiederum eine Umschichtung von Geldwerten in Sachwerte statt. Bei vorheriger Fremdfinanzierung der Anlagen werden mit den zufließenden Geldern teilweise oder ganz Darlehen getilgt.
Für die Kalkulation von Benutzungsgebühren fordert § 6 KAG – NW u. a. den Ansatz von Abschreibungen, »die nach der mutmaßlichen Nutzungsdauer oder Leistungsmenge gleichmäßig zu bemessen sind ...«. Die gleichmäßige Bemessung bedeutet die Anwendung der linearen Abschreibung; die degressive oder eine sonstige Abschreibungsmethode ist nicht zulässig.
Die Abschreibungsquote hängt von der geschätzten Nutzungsdauer eines Gegenstandes ab. Ist die mutmaßliche Nutzungsdauer einer Wasserpumpe 10 Jahre, ergibt sich aus der Rechnung 100 %/o (Wert der Pumpe bei der Anschaffung oder Herstellung), dividiert durch 10 (Anzahl der Nutzungsjahre), der Abschreibungssatz von 10 %/o.
Im Unterschied zur bilanziellen Abschreibung hat der Kostenrechner nicht nur die Möglichkeit, jeweils vom Anschaffungs- oder Herstellungswert in den einzelnen Jahren auszugehen; er kann statt dessen auch einen von Jahr zu Jahr steigenden Wiederbeschaffungszeitwert ansetzen.
Diese beiden Wertansätze läßt die Verwaltungsordnung zum KAG – NW ausdrücklich zu. Es wird dort ferner die Empfehlung gegeben, in der Regel bei der bisher angewandten Methode zu verbleiben.
In Zeiten relativer Preisstabilität könnte der Kostenrechner durchaus

---

[1] Vgl. hierzu die Definition der Kosten, S. 43.

daran denken, die Anschaffungswertmethode zu wählen. Bei beachtlichen jährlichen Preissteigerungen ist es jedoch zweckmäßig, den Wiederbeschaffungszeitwert in der Kalkulation zugrunde zu legen. Bei dem erstgenannten Verfahren ist, wie lediglich bei der finanzbuchhalterischen Abschreibung gestattet, nur eine nominelle Kapitalerhaltung gesichert, das zweitgenannte Verfahren erreicht mehr als die nominelle Kapitalerhaltung. Sie soll zwar die substantielle Kapitalerhaltung sichern; sie wird dieses Ziel aber in der Regel nicht erreichen.

Beispiele sollen das Gesagte verdeutlichen: Anschaffungswert einer Pumpe 10 000,- DM, geschätzte Nutzungsdauer 10 Jahre.

Jahre	Wert zu Beginn eines Jahres in DM	Finanzbuchhalterische und kalkulatorische Abschreibungen in DM	Buchwert am Ende des Jahres in DM
1. Jahr	10 000,-	1 000,-	9 000,-
2. Jahr	9 000,-	1 000,-	8 000,-
3. Jahr	8 000,-	1 000,-	7 000,-
4. Jahr	7 000,-	1 000,-	6 000,-
5. Jahr	6 000,-	1 000,-	5 000,-
6. Jahr	5 000,-	1 000,-	4 000,-
7. Jahr	4 000,-	1 000,-	3 000,-
8. Jahr	3 000,-	1 000,-	2 000,-
9. Jahr	2 000,-	1 000,-	1 000,-
10. Jahr	1 000,-	1 000,-	-,-
		10 000,-	

In die Kostenrechnung werden im Laufe der 10 Jahre 10 000,- DM kalkulatorische Abschreibung eingesetzt. Während dieser Zeit tendiert der Wert der Maschine immer mehr in Richtung null DM. In den Gebühren gehen die erwirtschafteten Abschreibungen ein, folglich müßten nach 10 Jahren wieder 10 000,- DM zur Verfügung stehen. Die nominelle Kapitalerhaltung ist erreicht. Allerdings ist in Zeiten von Preissteigerungen unwahrscheinlich, daß hierfür nach 10 Jahren eine gleichartige Pumpe erworben werden kann.

Um einen vollen Substanzwert zu erhalten, müßte in jedem Jahr von einem Wert abgeschrieben werden, den die Maschine im Zeitpunkt der Wiederbeschaffung hätte (Wiederbeschaffungswert am Ende des 10. Jahres). Da im voraus derartige Schätzungen über einen solchen Zeitraum nicht durchführbar sind, hilft man sich, indem man den jährlichen Wiederbeschaffungszeitwert ermittelt.

Über die vorherigen Angaben hinaus wird unterstellt, daß die Pumpe jährlich um 1 000,- DM teurer wird.

Jahr	Anschaf-fungswert/ Wiederbeschaffungszeitwert	Fiktiver Wertzugang (Preissteigerung)	Kalk. Abschreibungen	Fiktiver Restwert		Restwert vom Wiederbeschaffungszeitwert
	a	b	c	d		e
			10 % von a+b	Anschaffungswert + b ./. c	Teile von a+b	
1	10 000,–	1 000,–	1 100,–	9 900,–	9/10	9 900,–
2	11 000,–	1 000,–	1 200,–	9 700,–	8/10	9 600,–
3	12 000,–	1 000,–	1 300,–	9 400,–	7/10	9 100,–
4	13 000,–	1 000,–	1 400,–	9 000,–	6/10	8 400,–
5	14 000,–	1 000,–	1 500,–	8 500,–	5/10	7 500,–
6	15 000,–	1 000,–	1 600,–	7 900,–	4/10	6 400,–
7	16 000,–	1 000,–	1 700,–	7 200,–	3/10	5 100,–
8	17 000,–	1 000,–	1 800,–	6 400,–	2/10	3 600,–
9	18 000,–	1 000,–	1 900,–	5 500,–	1/10	1 900,–
10	19 000,–	1 000,–	2 000,–	4 500,–	0/10	–,–
			15 500,–			

Über die Abschreibungsmethode vom Wiederbeschaffungszeitwert lassen sich in diesem Beispiel 15 500,– DM Abschreibungserlöse ansammeln, man benötigt aber für eine neue Pumpe 20 000,– DM. Die Substanz ist mithin nur teilweise erhalten geblieben.

Wenn man aber bedenkt, daß die Abschreibungserlöse bereits in jedem Jahr anfallen, obwohl sie erst am Ende des 10. Jahres zur Verfügung stehen sollen, könnten sie jeweils bis zum Zeitpunkt der Re-Investition verzinslich angelegt werden. Außerdem ist zu beachten, daß die Pumpe am Ende des 10. Jahres noch einen Verkaufswert (zumindest einen Schrottwert) hat. Unter Berücksichtigung dieser beiden Gegebenheiten ließe sich der volle Substanzwert erzielen[2]. Alternativ wäre denkbar, daß die Pumpe einige weitere Jahre nach Ablauf des 10. Jahres voll einsatzfähig ist. In der Kostenrechnung (nicht in der Finanzbuchführung) könnten nach dem gleichen Modus über 100 % abgeschrieben werden.

---

[2] Einkommensteuer- oder körperschaftsteuerrechtliche Überlegungen werden hierbei nicht berücksichtigt.

4.4 Kalkulatorische Zinsen

Zinsen stellen einen Preis für die Aufgabe der Liquidität (nach dem Nationalökonomen Keynes) dar. Wer einer Einrichtung Kapital zuführt, erwartet dafür einen Zinsertrag. Dabei ist kaum von Bedeutung, ob ein Eigentümer bzw. Miteigentümer diesem Betrieb Kapital zur Verfügung stellt oder ob ein Darlehnsgeber ihm vorübergehend Mittel zufließen läßt. In beiden Fällen entstehen dieser Einrichtung Zinskosten, die kalkulatorisch zu berücksichtigen sind. Würden in dem einen und/oder in dem anderen Fall keine Zinsen kostenrechnerisch erfaßt, wären die Kalkulationsansätze zu niedrig bemessen. Mittel für Zinszahlungen an Eigentümer bzw. Miteigentümer und/oder Gläubiger würden über den Verkauf der Produkte nicht erwirtschaftet.

Dieser Grundsatz gilt für alle Organisationseinheiten mit typischem Betriebscharakter, somit auch für die sog. Gebührenhaushalte. Die Verzinsung der haushaltseigenen Mittel der kostenrechnenden Einrichtung ist »der Preis, den diese dem Kämmereihaushalt für die Überlassung des Gemeindekapitals schuldet, ebenso wie für das im Betrieb arbeitende Fremdkapital (vgl. BGH-Urteil vom 18. 1. 1968)«[3].

Die Notwendigkeit des Zinsansatzes ergibt sich nicht nur aus wirtschaftlichen Erwägungen, sondern darüber hinaus auch aus zwingenden rechtlichen Vorschriften.

§ 95 GO und § 9 EigVO fordern eine Verzinsung der Eigenmittel. Für kostenrechnende Einrichtungen sind § 6 Abs. 2 KAG und § 12 GemHVO maßgebend, die kalkulatorische Zinsansätze verlangen. Die jeweiligen Formulierungen decken sich nicht vollends, ihrem Inhalte nach weisen sie jedoch eine starke Parallelität für kostenrechnende Einrichtungen auf.

Für Eigengesellschaften und Eigenbetriebe wird eine »marktübliche Verzinsung des Eigenkapitals« vorgegeben (§ 95 GO, § 9, 5 EigVO). Da das Rechnungswesen der wirtschaftlichen Unternehmungen der Gemeinde oder der Eigenbetriebe auf der Passivseite der Bilanz nach Eigenkapital oder Fremdkapital scheidet, kann diesem gesetzlichen Erfordernis ohne Schwierigkeit entsprochen werden, sowohl Eigenkapital als auch verzinsliche Darlehen lassen sich aus der kaufmännischen Buchführung exakt bestimmen.

Seit der Einführung des neuen Haushaltsrechts kann das Eigen- und Fremdkapital häufig nicht mehr für jede einzelne Organisationseinheit mit typischem Betriebscharakter ermittelt werden[4]. Konsequenterweise benutzt der Gesetz- oder Verordnungsgeber statt Eigen- und Fremdkapital andere

---

[3] Giesen, K., Kostenrechnung in der kommunalen Haushaltswirtschaft, S. 112; dortselbst weitere Hinweise zum Urteil: »Versorgungswirtschaft« 1968, S. 259.

[4] Seit 1974 ist bekanntlich ein getrennter Nachweis nicht mehr zu führen, soweit man sich der Kameralbuchführung bedient, weil das neue Haushaltsrecht vom Gesamtdeckungsgrundsatz ausgeht. Kredite werden an einer Stelle für den ganzen Vermögenshaushalt veranschlagt.

Begriffe. Während § 6 KAG im Zusammenhang mit den Zinskosten den Begriff »aufgewandtes« Kapital verwendet, wird in der dazu ergangenen Verwaltungsverordnung der des »betriebsnotwendigen« Kapitals gebraucht. Die GemHVO weicht terminologisch wiederum davon ab und spricht von »Anlagekapital«. Giesen weist darauf hin, daß diese Kapitalbegriffe inhaltsgleich sind[5]. Kommunalabgabengesetz und Gemeindehaushaltsverordnung sagen über die Höhe der Verzinsung aus, daß sie angemessen sein soll.
Beim Vergleich der Termini »marktübliche« und »angemessene« Verzinsung wird erkennbar, daß bei der Festsetzung des Zinssatzes im erstgenannten Fall etwas großzügiger und im zweitgenannten dagegen kleinlicher verfahren werden soll.
Lassen sich Eigen- und Fremdkapitalzinsen eindeutig voneinander trennen, sind zwei Möglichkeiten des Kostenansatzes möglich:
1. kalkulatorische Verzinsung des Eigenkapitals einerseits und Fremdkapitalzinsen (=Effektivzinsen) andererseits oder
2. kalkulatorische Zinsen (= Mischzinssatz) des gesamten Kapitals.

Die kostenrechnenden Einrichtungen, die in der Regel eine Trennung in Eigen- und Fremdkapital nicht mehr vornehmen, obwohl sie mit Eigen- und Fremdmitteln arbeiten, kommen nicht umhin, einen kalkulatorischen Mischzinssatz in angemessener Höhe anzuwenden.
Abgabenrecht und Haushaltsrecht regeln übereinstimmend die Bereinigung der für die Zinskalkulation maßgeblichen Kapitalgröße. Der aus Beiträgen und ähnlichen Entgelten sowie aus Zuweisungen und Zuschüssen aufgebrachte Kapitalanteil bleibt außer Betracht (§ 12 Abs. 2 GemHVO). Anlagekapital wird als »das für das Anlagevermögen von kostenrechnenden Einrichtungen gebundene Kapital« definiert, wobei die jeweiligen Abschreibungen bei den Wertansätzen zu berücksichtigen sind (§ 46 GemHVO).
Es bleibt noch die Frage zu klären, ob bei Errechnung der Zinskosten das Anlagekapital zu Nominal- oder Realwerten erfaßt werden soll. Das Kommunalabgabengesetz bietet keine Lösung an; die Verwaltungsverordnung zum KAG schlägt lediglich vor, daß Gemeinden und Gemeindeverbände, sofern sie bisher von der Berechnung einer Verzinsung für Eigenmittel abgesehen haben, bei deren Einführung vermeiden, daß die Gebührensätze allzu plötzlich steigen. Hier wird folglich dafür plädiert, die Verzinsung der Eigenmittel behutsam mit langsam ansteigenden Sätzen in die Kalkulation einzubringen.
Konkret äußert sich dagegen die Verwaltungsverordnung zu § 12 GemHVO: »Wie bei der Abschreibung ist den Gemeinden auch bei der Berechnung des Anlagekapitals freigestellt, ob sie von den Anschaffungs- oder Herstellungswerten oder von den Wiederbeschaffungszeitwerten ausgehen.«

---

5 Giesen, K., a.a.O., S. 114.

Bei der Anschaffungswertmethode berechnen sich die Zinsen aus dem ursprünglich angewandten Kapital abzüglich getätigter Abschreibungen, die in Form von Liquidität bereits zurückgeflossen sind.
Bei der Methode des Wiederbeschaffungszeitwertes ergeben sich wesentlich höhere Zinsansätze, teilweise von Beträgen, die niemals von der Gemeinde in die kostenrechnende Einrichtung eingebracht worden sind.
Giesen vertritt die Auffassung, daß die kalkulatorischen Kosten bei Abschreibungen ebenso wie bei Zinsen von den jeweiligen Wiederbeschaffungszeitwerten berechnet werden sollten. Er bezieht sich dabei auf das Abwassergutachten der KGSt, in dem dringend vor zu niedrigen Ansätzen gewarnt wird. Die Folge davon ist ein von Jahr zu Jahr erheblich steigender Gebührenbedarf bei Unterstellung von regelmäßig zu tätigenden Investitionen.
Demgegenüber wird hier die Auffassung vertreten, daß bei den Zinskosten fairerweise vom Nominalwert ausgegangen werden sollte. Weder Steuerrecht noch Handelsrecht, die hilfsweise hier zur Begründung herangezogen werden, lassen derartige Bewertungen zu. Kein Darlehnsgläubiger darf aus gutem Grund seine Forderungen nach der Substanzerhaltungsmethode bewerten. Allein die steigenden Abschreibungskosten vom Wiederbeschaffungszeitwert ziehen kontinuierlich einen jährlich wachsenden Gebührenbedarf nach sich, und zwar ohne Berücksichtigung der Personalkostenentwicklung.
Einige Zahlenbeispiele sollen die Ausführungen veranschaulichen:
Eine Wasserwerk GmbH, die von zwei Gemeinden betrieben wird, hat ein Eigenkapital von 1 Mio. DM und Fremdkapital in Höhe von 0,5 Mio. DM.
a) Wie hoch ist der Ansatz für die Eigenkapitalverzinsung bei 6 % und die Fremdkapitalverzinsung bei 7,5 % in DM?
b) Wie hoch sind – anstelle von a) – die kalkulatorischen Zinsen des Gesamtkapitals bei einem Zinssatz von 7 %?

Lösung zu a)

$$\frac{1\,000\,000 \times 6}{100} = 60\,000,- \text{ DM kalkulatorische Eigenkapitalzinsen}$$

$$\frac{500\,000 \times 7,5}{100} = 37\,500,- \text{ DM Fremdkapitalzinsen}$$

Lösung zu b)

$$\frac{1\,500\,000 \times 7}{100} = 105\,000,- \text{ DM kalkulatorische Zinsen des Gesamtkapitals}$$

Die städtische Entwässerung in A verfügt über ein Anlagekapital (Restbuchwert) am Anfang des Jahres X von 42,9 Mio DM; die Beiträge belaufen sich auf 8,81 Mio. DM, die Zuschüsse Dritter auf 90 000,– DM. Die durchschnittliche Abschreibung auf das Anlagekapital beträgt jährlich

$1^2/_3$ % vom Restbuchwert. Die kalkulatorischen Zinsen sollen bei einem Zinsfuß von 5 % in den Jahren X, Y und Z ermittelt werden. Weitere Investitionen werden in diesen drei aufeinander folgenden Jahren nicht unterstellt.
a) Wie hoch sind die Zinsen bei der Nominalwertmethode?
b) Wie hoch sind die Zinsen bei der Methode des Wiederbeschaffungszeitwertes, wenn eine durchschnittliche Preissteigerungsrate für Investitionen von 4 % in den drei folgenden Jahren eingetreten ist?

Anlagekapital	42 900 000,– DM	
./. Beiträge	8 810 000,– DM	
./. Zuschüsse Dritter	90 000,– DM	
bereinigtes Anlagekapital	34 000 000,– DM	
Lösung zu a)	34 000 000,–	5 % kalkulato-
./. $1^2/_3$ % Abschreibung	566 667,–	rische Zinsen
Anlagekapital per 31. 12. im Jahre X	33 433 333,–	1 671 667,– DM
./. $1^2/_3$ % Abschreibung	557 222,–	
Anlagekapital per 31. 12. im Jahre Y	32 876 111,–	1 643 806,– DM
./. $1^2/_3$ % Abschreibung	547 935,–	
Anlagekapital per 31. 12. im Jahre Z	32 328 176,–	1 616 409,– DM
		4 931 882,– DM
Lösung zu b)	34 000 000,–	5 % kalkulato-
+ 4 % Werterhöhung	1 360 000,–	rische Zinsen
	35 360 000,–	
./. $1^2/_3$ % Abschreibung	589 333,–	
Anlagekapital per 31. 12. im Jahre X	34 770 667,–	1 738 533,– DM
+ 4 % Werterhöhung	1 390 827,–	
	36 161 494,–	
./. $1^2/_3$ % Abschreibung	602 692,–	
Anlagekapital per 31. 12. im Jahre Y	35 558 802,–	1 777 940,– DM
+ 4 % Werterhöhung	1 422 352,–	
	36 981 154,–	
./. $1^2/_3$ % Abschreibung	616 353,–	
Anlagekapital per 31. 12. im Jahre Z	36 364 801,–	1 818 240,– DM
		5 334 713,– DM

4.5 Die Veranschlagung der kalkulatorischen Kosten in der Kameralistik

Die Veranschlagung der kalkulatorischen Kosten für die kostenrechnende Einrichtung »Straßenreinigung« müßte man sich bei folgenden Werten so vorstellen:
Reinigungsgebühren   5,4 Mio. DM

versch. Kosten der Straßenreinigung	4,0 Mio. DM
kalkulatorische Abschreibung	0,9 Mio. DM
kalkulatorische Zinsen	0,5 Mio. DM
davon 0,2 Mio. Effektivzinsen.	
Mindestzuführung vom Verwaltungshaushalt an den Vermögenshaushalt	0,9 Mio. DM
Zuführung an die allgemeine Rücklage	0,9 Mio. DM

Verwaltungshaushalt
Einzelplan 6

Einnahmen		Ausgaben	
	Mio.		Mio.
675 110 Straßenreinigungsgebühr	5,4	675... Verschiedene Kosten der Straßenreinigung	4,0
		675 680 Kalkulatorische Abschreibungen	0,9
		675 685 Kalkulatorische Zinsen	0,5
			5,4

Verwaltungshaushalt
Einzelplan 9

Einnahmen		Ausgaben	
	Mio.		Mio.
910 270 Kalkulatorische Abschreibungen	0,9	910 800 Effektivzinsen	0,2
910 275 Kalkulatorische Zinsen	0,5	910 860 Zuführung an den Vermögenshaushalt (Mindestzuführung)	0,9
	1,4		1,1

Vermögenshaushalt

Einnahmen		Ausgaben	
	Mio.		Mio.
910 300 Zuführung vom Verwaltungshaushalt	0,9	910 910 Zuführung an die allgemeine Rücklage	0,9

5 Die Bedeutung des Gewinns für den Kostenrechner

Der Gewinn darf nicht als Zufallsgröße angesehen werden. Kostenrechnerisch muß er geplant werden und in Form bestimmter kalkulatorischer Kosten den Selbstkosten zugerechnet werden. Die Gewinnproblematik ist komplex; daher bedarf sie einer Zerlegung in einzelne Teile.

5.1 Zum Begriff Gewinn

Fragt man nach der Herkunft dieses Begriffes, wird man wortgeschichtlich auf das Althochdeutsche »gawin« bzw. »giwin« verwiesen. Darunter verstand man svw. Kampf, Anstrengung, Plage und Arbeit. Es wird aus dieser Deutung erkennbar, daß ursprünglich die Vorstellung der Ursache überwog. »Später mochte die Vorstellung von Ursache und Wirkung darin vereinigt gewesen sein, bis noch später, unter Betonung des letzteren – diese als ausschließliche in den Vordergrund des Bewußtseins trat.«[1] Heute wird der Terminus nur noch in der letztgenannten Wortbedeutung benutzt. Aus betriebswirtschaftlicher Sicht produziert der Unternehmer Güter für den Markt, um dabei zu verdienen, m. a. W., um Gewinn zu erzielen.
Viele Menschen sehen in dem Gewinn etwas Übles. Das rührt daher, daß sie zum einen keine klare Vorstellung davon haben, was Gewinn eigentlich darstellt. Zum anderen wird dieses Wort häufig als »Profit« herabgesetzt und verteufelt.

5.2 Entstehung des Gewinns im Rechnungswesen

Der Jahresgewinn wird in der Eigenbetriebsverordnung und in der Gemeindeordnung als Unterschied zwischen Erträgen und Aufwendungen definiert. Dabei müssen die Erträge höher liegen als die Aufwendungen; im umgekehrten Fall wäre ein Verlust zu beklagen.
Die Höhe des Gewinns ergibt sich bei Eigenbetrieben und Eigengesell-

---

[1] Maurus, Otto, Unterrichtliche Einführung in das Wesen der doppelten Buchführung, Stuttgart 1926, S. 58.

schaften aus der Gewinn- und Verlustrechnung, einem Abschlußkonto der doppelten Buchführung.
Kostenrechnende Einrichtungen können einen evtl. erzielten Gewinn oder einen erlittenen Verlust nicht aus der Kameralistik erkennen. Mit Hilfe der Erweiterten Kameralistik, die auch alle erfolgswirksamen Posten (Kosten und Erlöse, neutrale Aufwendungen und neutrale Erträge) für die einzelne Organisationseinheit umfaßt, läßt sich der Gewinn oder der Verlust ermitteln. Allerdings müssen hierbei evtl. die Kosten bei der kalkulatorischen Abschreibung, die aus der Methode der Kalkulation vom Wiederbeschaffungszeitwert resultieren, auf die Höhe der Ansätze nach der Anschaffungswertmethode heruntergesetzt werden. Außerdem sind Zinsen für das Eigenkapital, wenn möglich, auszuklammern und ggf. Selbstfinanzierungsansätze aus der Kosten- und Erlösrechnung herauszunehmen.

5.3 Gewinn als Vermögenszuwachs

Gewinn wird von Nichtfachleuten häufig gleichgesetzt mit Zuwachs an Geld. Wenn alle Zweckaufwendungen und neutralen Aufwendungen einen Abfluß an Liquidität und alle Zweckerträge und neutralen Erträge unmittelbar einen Liquiditätszufluß brächten, wäre Gewinn zu identifizieren mit Zuwachs an Geldvermögen.
Da aber auf der Aufwandsseite der Gewinn- und Verlustrechnung u. a. auch Abschreibungen stehen und auf der Ertragsseite Warenverkäufe erfaßt werden, die erst später oder im Ausnahmefall gar nicht in Geld eingehen, haben Aufwendungen und Erträge nicht immer zugleich eine Liquiditätswirkung.
Gewinn bedeutet daher svw. Vermögenszuwachs. Dieser Tatbestand wird besonders deutlich, wenn man sich vor Augen führt, daß in der Gewinn- und Verlustrechnung der Gewinn ermittelt wurde, jedoch die Gegenbuchung auf einem Kapitalkonto noch fehlt. In diesem Augenblick liegt die Summe der Aktiva (Vermögenswerte) höher als die Summe der Passiva, und zwar um den Gewinn. Dieser ist daher Vermögenszuwachs, wobei ein großer Teil der Vermögenszunahme ein Mehr an Liquidität ist. Allerdings kann in der Zwischenzeit durch bestandswirksame Ausgaben die Liquiditätsbasis verringert worden sein. In einem solchen Fall treten andere Aktiva an die Stelle der flüssigen Mittel.

5.4 Elemente des Gewinns

5.4.1 Erwerbswirtschaft
Als Bestandteile des Gewinns werden in der betriebswirtschaftlichen Literatur Unternehmerlohn, Eigenkapitalverzinsung und Risikoprämie angegeben. Der Unternehmerlohn ist das Entgelt für die vom Unternehmer geleistete Arbeit. Dieser muß folglich aktiv im Unternehmen tätig sein, wenn ein kalkulatorischer Unternehmerlohn (kalkulatorischer Kostenbestandteil) gerechtfertigt sein soll.
Die kalkulatorische Eigenkapitalverzinsung stellt das Entgelt für das in den Betrieb investierte Eigenkapital dar. Auf einen solchen Ansatz wurde bereits an anderer Stelle eingegangen.
Die Risikoprämie entschädigt das allgemeine Unternehmerwagnis, das darin besteht, daß er sein Vermögen einsetzt und im Konkurrenzkampf verlieren kann. Die kalkulatorische Risikoprämie muß daher auf das Eigenkapital bezogen sein.
Diese drei Ansätze gehören in der Erwerbswirtschaft zu den kalkulatorischen Kosten, die Gewinnbestandteile darstellen. Kostenrechnerisch könnten sie nach ihrer Einzelerfassung en bloc den Selbstkosten zugeschlagen werden. Auf einen möglichen vierten Bestandteil, den Vorsprungsgewinn, der außerordentliche Leistungen des Unternehmers honorieren soll, braucht hier nicht eingegangen zu werden.

5.4.2 Gewinnauftrag der Eigenbetriebe und der wirtschaftlichen Unternehmungen der Gemeinde
Häufig ist nicht bekannt, daß Betriebe und Unternehmungen der Gemeinde vom Verordnungs- oder Gesetzgeber den Auftrag erhalten haben, einen bestimmten Gewinn zu erzielen.
Im Unterschied zu erwerbswirtschaftlich orientierten Betrieben, die ein Gewinnmaximum anstreben, wird in diesem Zusammenhang vom Prinzip der limitierten Gewinnerzielung gesprochen. Der Jahresgewinn soll so hoch sein, daß außer den für die technische und wirtschaftliche Fortentwicklung des Unternehmens notwendigen Erweiterungs- und sonstigen offenen Rücklagen mindestens eine marktübliche Verzinsung des Eigenkapitals erwirtschaftet wird (§ 95 Abs. 2 GO, § 9 Abs. 4 und 5 EigVO). Aus dieser Forderung müssen entsprechende kostenrechnerische Konsequenzen gezogen werden.
Für einen Unternehmerlohn ist hier kein Raum, weil die Betriebe oder die Unternehmungen von Managern geleitet werden. Es sind also unselbständig Tätige, die Unternehmerfunktionen wahrnehmen. Deren Vergütungen sind bereits in den Personalkosten enthalten, so daß – unter sonst gleichen Voraussetzungen – die Selbstkosten eines von einem Privatunternehmer geleiteten Betriebes niedriger liegen als die einer juristischen Person oder eines Eigenbetriebs.

Eine Risikoprämie kann auch hier entfallen, da diese Einrichtungen zumeist eine Monopolstellung haben und Güter erzeugen, nach denen i. d. R. ein starrer Bedarf besteht. Wegen dieser Eigenarten ist die Kalkulation einer Risikoprämie entbehrlich.
Eigenbetriebe und Eigengesellschaften haben in ihrer Kalkulation eine marktübliche Verzinsung des Eigenkapitals als Gewinnbestandteil anzusetzen. Als marktüblich ist ein Zins anzusehen, der auf dem Kapitalmarkt nachhaltig erzielt werden kann.
Darüber hinaus wird ihnen die Verpflichtung zur Selbstfinanzierung auferlegt, um die technische und wirtschaftliche Entwicklung zu ermöglichen. Somit sollen rechtzeitig Finanzmittel als Rücklagen angesammelt werden, um künftig Neuinvestitionen im Rahmen der technischen und wirtschaftlichen Weiterentwicklung tätigen zu können. Für »Selbstfinanzierung« gibt es Synonyma, die zwar den gleichen Tatbestand unterschiedlich ausdrücken, jedoch jeweils eine typische Eigenschaft dieser Finanzierungsart erkennen lassen.
»Innenfinanzierung« besagt, daß die Mittel nicht durch Eigen- oder Fremdfinanzierung von außen zugeführt werden, sondern im Betrieb zusätzlich erwirtschaftet werden müssen.
»Finanzierung über den Preis« betont die Absicht des Unternehmers, sich beim Verkauf seiner Güter bereits jetzt für die Zukunft Investitionsausgaben erstatten zu lassen. Ein solches Gebaren setzt eine starke Marktstellung (z. B. Monopolstellung oder Verkäufermarkt) voraus, denn bei großer Konkurrenz wird sich ein derartiges Vorhaben nicht verwirklichen lassen.
»Gewinnrestfinanzierung« meint, daß nicht der gesamte Gewinn ausgeschüttet werden darf, sondern daß Gewinnreste im Betrieb verbleiben.
Der Kostenrechner muß »kalkulatorische Investitionskosten« in seine Kalkulation aufnehmen, um dem Auftrag des Gesetz- oder Verordnungsgebers entsprechen zu können.

5.4.3 »Gewinnauftrag« der kostenrechnenden Einrichtungen
Die kostenrechnenden Einrichtungen sollen ihre Leistungen nicht, wie man meinen könnte, allein zu Selbstkosten abgeben, sondern das »Kostendeckungsprinzip« nach Kommunalabgabenrecht schließt partiell den Gewinnbestandteil »angemessene Verzinsung des aufgewandten Kapitals« ein, das auch eine Verzinsung der Eigenmittel bedeutet. Mit Hilfe einer Fiktion läßt sich dieser Sachverhalt »wegzaubern«, wenn es in Rechtsvorschriften heißt, daß eine Verzinsung des aufgewandten Kapitals nicht als Gewinn gilt. Der Kostenrechner muß folglich den Kosten eine kalkulatorische Verzinsung des aufgewandten Kapitals zuschlagen.
Bedenkt man die Auswirkungen der kalkulatorischen Kosten, die Gewinnbestandteile darstellen, dann wird deutlich, daß die Kostensituation der Organisationseinheiten mit typischem Betriebscharakter unwesentlich gün-

stiger ist als die der privatwirtschaftlichen Unternehmungen. Bisweilen ist sie sicherlich ungünstiger, weil der Zwang zur Rationalisierung wegen fehlender Konkurrenz nicht so ausgeprägt vorhanden ist.

5.5 Verwendung des Gewinns

Wirtschaftliche Unternehmungen der Gemeinde führen neben den zu zahlenden Körperschaftsteuern und neben der Tantieme zugunsten der Verwaltungsführung einen Teil ihres Gewinnes an den Haushalt der Gemeinde ab (vgl. § 95 GO und § 9 EigVO). Die Gemeinde ist die Alleineigentümerin oder zu einem hohen Anteil Miteigentümerin, so daß sie auch ein Anrecht auf eine Zahlung der Kapitalverzinsung hat. Ein weiterer Teil wird der Rücklage zugeführt und steht somit u. a. auch für künftige Investitionen zur Verfügung.

Bei kostenrechnenden Einrichtungen wird ein Teil der in den Gebühreneinnahmen enthaltenen kalkulatorischen Zinsen für zu zahlende Fremdkapitalkosten benutzt. Dabei muß man berücksichtigen, daß der Effektivzinssatz in der Regel wesentlich höher liegt als der angemessene kalkulatorische Zins. Hier zehrt das Fremdkapital gleichsam vom Eigenkapital. Die nicht verausgabten Zinseinnahmereste stehen dem Gesamthaushalt als allgemeine Deckungsmittel zu; folglich kann nicht die einzelne Organisationseinheit hierüber verfügen, die die Zinsen erwirtschaftet hat.

6 Aufbau der Kostenrechnung

Die Kostenrechnung kann unterschiedlich aufgebaut sein. In der untersten Stufe, der einfachsten Form der Kostenrechnung, geht es darum, zu untersuchen, »welche« Kosten bei der Produktion erwachsen sind; die Antwort hierauf gibt die Kostenartenrechnung. In der zweiten Stufe erhebt sich die Frage, »wo« Kosten entstanden sind, darauf antwortet die Kostenstellenrechnung. In der obersten Stufe soll das Problem gelöst werden, »wofür« die Kosten angefallen sind. Hierbei wird das Ziel der Kostenrechnung deutlich, die Kosten dem jeweiligen Kostenträger (dem erstellten Produkt) zuzuordnen.

6.1 Kostenartenrechnung

Ausgangspunkt der Kostenartenrechnung sind Werte der zugrunde liegenden Buchführung; bei Eigenbetrieben und Eigengesellschaften die doppelte Buchführung, bei kostenrechnenden Einrichtungen die Kameralistik. Während sich aus den Aufwandskonten der kaufmännischen Buchführung viele Kostenpositionen unmittelbar ergeben, müssen die Kosten aus der Kameralistik herausgefiltert werden. Die Ausgaben werden daraufhin geprüft, ob sie bestandswirksam, neutral oder Posten der Wirtschaftsrechnung (= Kosten) darstellen. Neben den bereits erfaßten Grundkosten muß bedacht werden, welche Zusatzkosten in die Rechnung einbezogen werden sollen.

Die Kosten können beispielsweise gegliedert sein:
a) nach der Art der verbrauchten Kostengüter in
  1. Personalkosten,
  2. Materialkosten,
  3. Kapitalkosten,
  4. Fremdleistungskosten,
  5. öffentliche Abgaben;
b) nach wichtigen betrieblichen Funktionen in
  1. Kosten der Beschaffung und Lagerung,
  2. Kosten der Fertigung,
  3. Kosten der Verwaltung,
  4. Kosten des Vertriebs;

c) nach dem Verhalten der Kosten bei Änderung des Beschäftigungsgrades in
1. fixe Kosten,
2. variable Kosten;
d) nach der Verrechnung in
1. Einzelkosten,
2. Gemeinkosten;
e) nach einem speziell entwickelten Kostenplan für die jeweilige Organisationseinheit.

Die Anzahl der Kostenarten ist abhängig von Faktoren wie Größe des Betriebes (Kleinbetrieb – Großbetrieb) und Art der Produktion (einfache Fertigung – differenzierte Fertigung, Sachgüterproduktion – Dienstleistungsproduktion). Diese Merkmale spiegeln sich in dem zugrunde liegenden Kostenplan wider. Für Zwecke des zwischenbetrieblichen Vergleichs ist es ratsam, daß gleichartige Betriebe etwa gleichartige Kostenartengliederungen verwenden. Zum einen könnte die Kostenartenrechnung als Kostenstatistik konzipiert sein. Zum anderen ist vorstellbar, daß die Kostenartenrechnung nicht Endzweck, sondern Mittel zum Zweck ist und zur Kostenstellen- und Kostenträgerrechnung weiterentwickelt werden soll.

Der jeweilige Zweck bestimmt im wesentlichen die Kosten, die in die Rechnung eingehen.

Soll eine Kostenstatistik geführt werden, müssen in der Regel alle Kosten erfaßt werden. Bei einer Gliederung in Einzel- und Gemeinkosten und einer Fortentwicklung bis zur höchsten Stufe der Kostenrechnung ist denkbar, daß zunächst lediglich ein Kostenkomplex berücksichtigt wird, angesprochen sind hier die Gemeinkosten, während die Einzelkosten aus Zweckmäßigkeitserwägungen um die Kostenarten- und Kostenstellenrechnung herumgeführt werden und erst wieder in der Kostenträgerrechnung auftauchen.

Die Kostenartenrechnung wird in Form einer Matrix geführt; das ist eine Tabelle mit vertikaler und horizontaler Gliederung. In der Senkrechten werden die Kostenarten, in der Waagerechten die Kostenperioden angeordnet. Die Kostenperioden umfassen jeweils vergleichbare Zeiträume (Jahr, Halbjahr usw.). Die Werte erscheinen in absoluter und in relativer Höhe.

Im Reinigungsamt und Fuhrpark der Stadt M, zu denen die Betriebszweige (1) Straßenreinigung, (2) Müllabfuhr und (3) Fuhrpark gehören, sind folgende Kosten angefallen (Angabe der Beträge jeweils in tausend DM):

Kostenartenrechnung

Kostenperioden / Kostenarten	Jahr 1	%	Jahr 2	%	Jahr 3	%	Jahr 4	%
Personalkosten	5 440	56,6	6 055	57,9	6 807	58,6	7 676	57,5
Sachkosten	1 995	20,8	2 122	20,3	2 473	21,3	2 950	22,1
kalk. Abschreibungen	1 377	14,3	1 478	14,1	1 547	13,3	1 939	14,5
kalk. Zinsen	575	5,9	572	5,5	568	4,9	550	4,1
Verwaltungskosten	227	2,4	232	2,2	216	1,9	244	1,8
Gesamte Betriebskosten	9 614	100	10 459	100	11 611	100	13 359	100

Die Kostenartenrechnung sagt aus, wie sich die Kostenarten im Zeitablauf entwickelt haben, und zwar in absoluter oder in relativer Höhe. Die Kostenentwicklung kann aus der Sicht der absoluten Kosten gleichbleibend, ansteigend, abfallend oder schwankend sein. Ebensolche Urteile kann man über die relativen Kosten (Kostenprozentsätze) fällen. Daneben kann noch die absolute und relative Kostenentwicklung zugleich beurteilt werden.
Anhand des Beispiels können folgende Entwicklungen abgelesen werden:
a) absolute Kosten
1. Personalkosten, Sachkosten und kalkulatorische Abschreibungen steigen von Jahr zu Jahr an.
2. Die kalkulatorischen Zinsen ermäßigen sich von Jahr zu Jahr geringfügig.
3. Die Verwaltungskosten schwanken zwischen dem zweiten, dritten und vierten Jahr.

b) relative Kosten
Ein primärer Kostenschwerpunkt läßt sich ohne weiteres identifizieren; hier handelt es sich um einen lohnintensiven Betrieb. Zu den sekundären Kostenschwerpunkten zählen die Sachkosten (materialintensiver Betrieb) und die kalkulatorischen Abschreibungen (anlage-intensiver Betrieb).
1. Die Sachkosten steigen zwischen dem zweiten und vierten Jahr relativ an.
2. Die kalkulatorischen Zinsen und die Verwaltungskosten haben relativ fallende Tendenz.
3. Der relative Anstieg der Personalkosten in den ersten drei Jahren wird durch eine relative Kostensenkung im vierten Jahr abgelöst.

c) absolute und relative Kosten
1. Die kalkulatorischen Zinsen nehmen absolut und relativ ab.
2. Die Personalkosten haben in den ersten drei Jahren absolut und relativ steigende Tendenz, im vierten Jahr absolut zunehmend, relativ fallend.
3. Die kalkulatorischen Abschreibungen nehmen absolut zu und schwanken in relativer Sicht zwischen dem zweiten und vierten Jahr.

Die absolute und relative Kostenentwicklung zwischen Jahr 1 und Jahr 4 ergibt sich aus folgender Tabelle:

Personalkosten	+ 2 236 000 DM	=	+ 41,1 %
Sachkosten	+ 955 000 DM	=	+ 47,9 %
kalkulatorische Abschreibungen	+ 562 000 DM	=	+ 40,8 %
kalkulatorische Zinsen	− 25 000 DM	=	− 4,3 %
Verwaltungskosten	+ 17 000 DM	=	+ 7,4 %
gesamte Betriebskosten	+ 3 745 000 DM	=	+ 39,0 %

Der Erkenntniswert der Kostenartenrechnung an sich ist beschränkt. Es kann zwar im innerbetrieblichen Vergleich erkannt werden, wie sich die Kosten verändert haben und wo Kostenschwerpunkte liegen; es wird aber nicht deutlich, wo die Kosten angefallen sind und wodurch ihre Höhe bedingt und wer für die Kostenveränderungen verantwortlich ist. Der Kostenartenrechnung fehlt durchweg der Bezug zum erstellten Produkt. Häufig bildet die Kostenartenrechnung jedoch die Vorstufe zur Kostenstellen- und Kostenträgerrechnung.

6.2 Kostenstellenrechnung

Die Kostenstellenrechnung nimmt eine Mittelstellung zwischen Kostenarten- und Kostenträgerrechnung ein. Sie hält fest, an welchen Orten welche Kosten entstehen. Sie wird wie die Kostenartenrechnung auch in Form einer Matrix geführt. In der Senkrechten findet man die Kostenarten einer Rechnungsperiode; die Waagerechte dagegen gliedert sich in Kostenstellen.
Kostenstellen sind ihrem Charakter nach Orte, an denen für die Leistungen, die in ihnen erbracht werden, Kosten anfallen und die gemäß dem Verursachungsprinzip hier lokalisiert werden. Mit Hilfe dieser Verfahrensweise läßt sich eine bessere Kontrolle der Kosten erzielen. Die Kostenstellenrechnung bildet häufig die Grundlage für die nachfolgende Kostenträgerrechnung.
Der Kostenrechner hat zunächst die Frage zu klären, welche Kosten er in die Kostenstellenrechnung aufnehmen will. In Betrieben der Privatwirtschaft ist es vielfach üblich, wie bei der Kostenartenrechnung bereits erwähnt, lediglich die Gemeinkosten in diese Rechnung einzubeziehen. Gleiches kann auch für Eigenbetriebe und Eigengesellschaften gelten, vor allem dann, wenn unterschiedliche Leistungen in einem Betrieb erstellt werden.
Bei kostenrechnenden Einrichtungen jedoch fließen sämtliche Kosten in die Kostenstellenrechnung ein, ohne daß es dabei auf eine Unterteilung

in Einzel- und Gemeinkosten ankommt. Die Begründung dafür leuchtet unmittelbar ein. Den Kosten werden später die Erlöse gegenübergestellt, so daß sich ein falsches Bild ergäbe, wenn nur ein Teil der Kosten berücksichtigt würde.

Die Kostenstellenrechnung ist wie folgt aufgeteilt:

Kostenarten \ Kostenstellen	%	DM	Umlageschlüssel I	Hauptkostenstellen	Nebenkostenstellen	Hilfskostenstellen
Personalkosten	62	900 000	Zahl der Beschäftigten je Kostenstelle	700 000	150 000	50 000

Die Kostenstellengliederung kann sich nach räumlichen, funktionalen, verrechnungstechnischen oder sonstigen Gesichtspunkten vollziehen. Als Gliederungsschema für das Kostenfeld bietet sich in der Erweiterten Kameralistik einerseits die übliche Breitengliederung in Hauptkostenstellen, Nebenkostenstellen, Hilfskostenstellen und Allgemeine Kostenstellen an; andererseits kann die einzelne Kostenstelle nach Bedarf noch tiefer gegliedert werden.

In den Hauptkostenstellen werden die typischen Erzeugnisse des jeweiligen Betriebes erstellt; hier liegt das eigentliche Betätigungsfeld dieser Einrichtung. Beim Schlacht- und Viehhof zählen hierzu der Schlachtviehmarkt, die Orte der Schlachtung und die Orte der Kühlung. Bei der Abwasserbeseitigung gehören zu den Hauptkostenstellen die Entwässerungsleitungen und die Abwasserreinigung.

Die Nebenkostenstellen (in der Erweiterten Kameralistik i. d. R. Nebeneinrichtungen und vermietete Anlagen bezeichnet) repräsentieren Orte mit Produkten, die nicht zur Erfüllung der Hauptaufgaben dienen, sondern bei deren Durchführung anfallen. Beim Vieh- und Schlachthof denke man an die Eiserzeugung oder an die Freibank.

Die Haupt- und Nebenkostenstellen verbindet eine Gemeinsamkeit. Diese bieten direkt verkäufliche Leistungen an, sie sind Endkostenstellen. Dagegen erbringen die Hilfskostenstellen Leistungen für den innerbetrieblichen Bedarf, d. h., ihre Erzeugnisse werden nicht nach außen abgegeben. Ihrer Natur nach muß man sie als Durchgangskostenstellen charakterisieren. Beim Fuhrpark denke man an eine Wagenpflegestation, eine Tankstelle oder an Werkstätten.

Allgemeine Kostenstellen haben Hilfskostenstellencharakter. Es kann sich beispielsweise um die Direktion und Verwaltung handeln oder um Grundstücke und gemeinsame Anlagen.

Die Kosten der Hilfskostenstellen und der Allgemeinen Kostenstellen bedürfen der Umlage, letztlich auf die Haupt- und Nebenkostenstellen, weil diese Kosten den verkäuflichen Leistungen zugeschlagen werden.

Will man die einzelne Kostenstelle weiter untergliedern, kann man sie in Kostenstellenbereiche einteilen. Soll der einzelne Kostenstellenbereich stärker lokalisiert werden, schafft man Kostenplätze. Um diese Tiefengliederung sichtbar zu machen, würde neben der Bezeichnung der Kostenstelle eine einstellige Ziffer, für die Kostenstellenbereiche eine zweistellige und für die Kostenplätze eine dreistellige verwendet.
»Die Kostenstellengliederung soll so weit gehen, daß sowohl leichte Übersicht und Kontrollfähigkeit als auch die Wirtschaftlichkeit der Rechnungsführung gewahrt sind.«[1]

Umlage I
Zur Verteilung der Kostenarten auf die Kostenstellen benötigt der Kostenrechner einen Umlagemodus. Ausgangspunkt dafür können Belege, Rechnungen, Personalkosten, Anlagekarteien usw. sein.
Die direkten Stellenkosten lassen sich den betreffenden Kostenstellen ohne Schwierigkeit zurechnen, z. B. kalkulatorische Abschreibungen für Maschinen, weil deren Standorte in den einzelnen Kostenstellen bekannt sind. Voraussetzung ist eine Anlagekartei, die alle wesentlichen Daten einschließlich der eintretenden Änderungen festhält.
Anders dagegen verhält es sich mit den indirekten Stellenkosten. Sie lassen sich in der Regel nicht völlig exakt der einzelnen Kostenstelle zuordnen. Der Kostenrechner muß zu diesem Zweck bestimmte Überlegungen anstellen. Drei Forderungen werden im allgemeinen an den geeigneten Schlüssel zu stellen sein:
1. der Schlüssel muß der Kostenverursachung in der Kostenstelle entsprechen,
2. der Schlüssel muß hinreichend exakt sein,
3. der Schlüssel muß wirtschaftlich sein.
Wenn alle Forderungen nicht zugleich erfüllt werden können, muß der Kostenrechner den am meisten geeigneten herausfinden. Für eine Kostenverteilung bieten sich häufig mehrere Schlüssel an. Zuerst wird der Kostenrechner seine Überlegungen darauf konzentrieren, alle denkbaren Verteilungsschlüssel zu ergründen, um im zweiten Schritt denjenigen auszuwählen, der den o. g. Ansprüchen am besten gerecht wird.
Sollen z. B. Heizkosten auf die einzelnen Kostenstellen umgelegt werden, wären folgende Schlüssel denkbar: (1) qm-Größe der Räume, (2) cbm-Rauminhalt, (3) Zahl der Heizkörper, (4) Zahl der Heizrippen, (5) Verbrauchsmeßgeräte. Zweifellos würde das letztgenannte Instrument die genauesten Werte liefern. Die Installation dieser Geräte brächte erhebliche zusätzliche Kosten mit sich. Es ist daher abzuwägen, ob die exakten Meßwerte unbedingt notwendig sind oder ob nicht aus wirtschaftlichen Grün-

---

[1] Kostenrechnungsgrundsätze v. 16. 1. 1939, III/Buchstabe E/Ziffer 2 b).

den ein Verteilungsmaßstab gewählt wird, der weniger genau ist als die Meßgeräte, für den aber keine zusätzlichen Kosten entstehen.
In Hochhäusern mit einer Vielzahl von Eigentumswohnungen wird man solche zusätzlichen Kosten nicht scheuen dürfen, um zu einer möglichst gerechten Umlage zu kommen. Hierbei wird im Normalfall kein ausschließlich verbrauchsbedingter Schlüssel angewandt, sondern ein kombinierter. Mit Rücksicht auf die Amortisation der Anlage werden beispielsweise der Verbrauch und die Größe der Wohnung zueinander in ein bestimmtes Verhältnis gesetzt.
In Produktionsstätten, bei denen die Heizkosten eine untergeordnete Rolle spielen, wird man in der Regel einen wirtschaftlicheren Schlüssel suchen, der keine weiteren Investitionen erfordert. In dem genannten Beispiel könnte man von der Zahl der gleichgroßen Heizrippen ausgehen.

Beispiele für die Umlage I und deren Schlüssel:

Löhne:	Lohnbelege / Lohnlisten / Stundennachweise
Gehälter:	Gehaltsliste / Leistungsanteile für die einzelnen Kostenstellen
Sozialabgaben:	entsprechend den Anteilen der Löhne oder Gehälter in den einzelnen Kostenstellen
Reinigungskosten:	qm-Fläche der Reinigung
Strom, Gas, Wasser:	Verbrauchswerte je Kostenstelle entsprechend den Meßgeräten / Verbrauchsschätzung nach Leistungen oder Abgabe
kalkulatorische Zinsen:	entsprechend dem Anlagekapital je Kostenstelle
sächliche Unterhaltungskosten:	Rechnungen
Hilfsmaterial:	Materialentnahmescheine.

Um die Umlage I durchführen zu können, ist man teilweise auf eine Hilfsbuchführung (z. B. Materialentnahmescheine) oder eine Nebenbuchführung (Anlagekarteien) angewiesen. Teilweise ergeben sich die Werte aus der zugrunde liegenden Buchführung. Die Umlage I ist beendet, wenn die Kosten den Kostenstellen zugeordnet und die jeweiligen Summen je Kostenstelle ermittelt worden sind, soweit nicht noch vorher eine zwischenbetriebliche Leistungsverrechnung erforderlich wird.

Zwischenbetriebliche Leistungsverrechnung
Wenn Kosten einer Kostenstelle innerhalb der kostenrechnenden Einrichtung A auch dadurch entstanden sind, daß bestimmte Leistungen für die kostenrechnende Einrichtung B erbracht wurden und/oder umgekehrt, sind die entsprechenden anteiligen Werte von den erfaßten Kosten abzu-

ziehen oder ihnen zuzurechnen. Werden bei der Produktion zunächst keine kostenlosen Leistungen an andere Betriebe abgegeben oder von anderen empfangen, entfällt eine zwischenbetriebliche Leistungsverrechnung.

Umlage II
Bei der Umlage II kommt es darauf an, die Kosten der Hilfskostenstellen und der mit Hilfskostenstellencharakter auf die vorgelagerten Kostenstellen, letztlich auf die Neben- und Hauptkostenstellen, zurückzuwälzen. Auch hier benötigt man einen Umlageschlüssel, der hier Umlageschlüssel II bezeichnet werden soll.
Der Grund für die Umlage II ergibt sich daraus, daß die Hilfskostenstellen keine direkt verkäuflichen Leistungen anbieten. Diese Kosten sind im Rahmen der Gesamtproduktion aber angefallen, weil auf die entsprechenden Leistungen nicht verzichtet werden kann. Daher müssen diese Kosten den Kostenstellen angelastet werden, die direkt verkäufliche Leistungen produzieren. So sind beispielsweise die Kosten der Direktion des Vieh- und Schlachthofes letztlich all den Haupt- und Nebenkostenstellen zuzuordnen, die Leistungen erstellen und gegen Entgelt abgeben, wie Schlachtviehmarkt, Schweineschlachtung, Rindviehschlachtung, Pferdeschlachtung (= Hauptkostenstellen) oder Freibank (= Nebenkostenstelle).
Das üblicherweise angewandte Verfahren der Verrechnung zwischen den Kostenstellen ist die Stufenumlage. Dabei werden zunächst die Kosten der allgemeinen Kostenstellen auf alle vorgelagerten Kostenstellen einschließlich der Hilfskostenstellen (vgl. Kosten der Grundstücke) und dann die Kosten der Hilfskostenstellen auf die ihnen vorausgehenden Kostenstellen verteilt (vgl. Kosten der Werkstätte).
Von entscheidender Bedeutung ist dabei die Anordnung der Kostenstellen. Diejenigen, die fast nur Leistungen abgeben, ohne welche zu empfangen, werden am weitesten rechts angeordnet (Kosten der Grundstücke, Direktion und Verwaltung). Von rechts nach links löst man der Reihe nach die allgemeinen Kostenstellen und Hilfskostenstellen auf. Die aus den vorhergehenden Umlagen entstehenden Kosten werden jeweils berücksichtigt. Dabei ist der Grundsatz zu beachten, daß bereits aufgelöste Kostenstellen keine weitere Kostenbelastung mehr erhalten können. Für die Kostenverrechnung selbst benötigt man geeignete Umlageschlüssel II.
Anhand eines Beispiels aus dem Bereich des Vieh- und Schlachthofes soll dieser Teil der Kostenverrechnung verdeutlicht werden. Für eine Vielzahl von Hauptkostenstellen wird hier nur repräsentativ *eine* Hauptkostenstelle, für eine Mehrzahl von Nebenkostenstellen wird nur *eine* Nebenkostenstelle geführt, hinzu sollen zwei Hilfskostenstellen und zwei allgemeine Kostenstellen kommen.
Bisher haben sich nach der Umlage I folgende Kostensummen ergeben:

Summe der Kosten	Haupt-kostenstelle	Neben-kostenstelle	Hilfskostenstellen		Allg. Kostenstellen	
			Trichinen-schau	Werk-stätte	Dir. und Verwaltung	Grund-stückskost.
698 000	400 000	50 000	30 000	28 000	150 000	40 000
	32 480	6 520	40	160	800	± 40 000
	138 736	12 064	–	–	± 150 800	
	27 870	280	10	± 28 160		
	30 050	–	± 30 050			
698 000	629 136	68 864				

1. Umlage der Kosten der Grundstücke nach qm-Nutzfläche; anteilige Nutzfläche: Direktion und Verwaltung 2,0 %, Werkstätte 0,4 %, Trichinenschau 0,1 %, Nebenkostenstelle 16,3 %, Hauptkostenstelle 81,2 %.
2. Umlage der Kosten der Direktion und Verwaltung nach Erlösen, Werkstätte und Trichinenschau keine Erträge, Nebenkostenstelle = 8 % der Gesamterträge, Hauptkostenstelle = 92 % der Gesamterträge;
3. Umlage der Kosten der Werkstätte nach Unterhaltungsaufwand – Kosten der Werkstätte für Trichinenschau 10,– DM, Kosten der Werkstätte für die Nebenkostenstelle 280,– DM, Kosten der Werkstätte für die Hauptkostenstelle 27 870,– DM;
4. Umlage der Kosten der Trichinenschau gemäß den Schlachtzahlen, somit entfallen die Kosten der Trichinenschau nur auf die Hauptkostenstelle, weil nur dort Schlachtungen vorgenommen werden.

Erklärungen zum Umlageverfahren anhand des Zahlenbeispiels

Zunächst werden die Kosten der Grundstücke gemäß dem Umlageschlüssel II nach qm-Nutzfläche verteilt, und zwar nach den anteiligen Nutzflächen mit den genannten Prozentsätzen. Die Vorzeichen ± 40 000,– DM geben an, daß die Gesamtkosten dieser Kostenstelle 40 000,– DM betragen (Pluszeichen), diese Kostenstelle wird aufgelöst, d. h., 40 000,– DM müssen hier verschwinden (Minuszeichen). Da alle Kostenstellen eine bestimmte qm-Nutzfläche aufweisen, und sei sie noch so klein, werden sie alle mit Anteilen von 40 000,– DM, insgesamt 100 %, belastet.
Zu den ursprünglichen Kosten der Direktion und Verwaltung von 150 000,– DM kommen aus der ersten Umlage II 800,– DM hinzu; mithin sind 150 800,– DM zu verrechnen. Da nur die Haupt- und Nebenkostenstellen Erträge erzielen, werden diese allein im genannten Verhältnis mit Kosten belastet, nicht dagegen die Hilfskostenstelle Trichinenschau und die Werkstätte.
Weiterhin werden die bisher aufgelaufenen Kosten der Werkstätte ermittelt und nach den Reparaturnachweisen verteilt. Für die Trichinen-

schau hatte die Werkstätte nur geringfügige Leistungen zu erbringen (10,– DM); etwa 1 % der Kosten entfällt auf die Nebenkostenstelle, den größten Teil der Kosten erhält die Hauptkostenstelle angelastet.
Die Kosten der Hilfskostenstelle Trichinenschau belaufen sich nach den vorangegangenen Umlagen auf 30 050,– DM. Da die Schlachtorte ausschließlich zu den Hauptkostenstellen rechnen, muß der Gesamtbetrag allein dort zugeordnet werden.
Dieses Umlageverfahren wird seiner optisch auffallenden Verrechnung wegen auch als Treppen- oder Stufenleiterverfahren bezeichnet.
Nunmehr sind alle Hilfskostenstellen und die mit Hilfskostenstellen-Charakter aufgelöst. Jetzt wird erkennbar, warum an anderem Orte in diesem Zusammenhang von Durchgangskostenstellen gesprochen wurde, weil von hier aus sämtliche Kosten den Endkostenstellen zugeteilt werden. Neben dem einseitigen Kostenstellen-Umlageverfahren könnte auch das Verfahren der doppelseitigen Umlage oder das Verfahren der Ausgleichsumlage angewandt werden. Auf diese Verrechnungsarten soll hier nicht näher eingegangen werden.

Aussagewert der Kostenstellenrechnung
Bei der Kostenstellenrechnung werden die Kostenarten auf die Kostenstellen umgelegt, letztlich auf die Haupt- und Nebenkostenstellen. Auf diese Weise wird die Kostenstruktur besser überschaubar. Sowohl durch innerbetriebliche Vergleiche (Kostenstellenrechnungen von zwei aufeinander folgenden Jahren) als auch durch zwischenbetriebliche Vergleiche (Kostenstellenrechnung von mindestens zwei etwa gleich großen Betrieben der gleichen Produktionsstufe) können wichtige Schlüsse gezogen werden. Innerbetriebliche Vergleiche erhellen, wo in stärkerem oder in schwächerem Maße eine Kostenänderung eintritt. Die Ursachen von Kostenänderungen lassen sich leichter aufspüren. Bei zwischenbetrieblichen Vergleichen können einzelne Positionen und auch Kostenrelationen erkannt werden. Dadurch bietet sich die Möglichkeit, Anhaltspunkte für Kosteneinsparungen zu gewinnen. Kostensenkungsmaßnahmen lassen sich einleiten.
Die Kosten einzelner Betriebsteile, z. B. der Kostenstelle »Reparaturwerkstätte des Fuhrparks«, können deren Leistungen gegenübergestellt werden, um herauszufinden, ob wirtschaftlich oder weniger wirtschaftlich produziert wird. Auch ein Vergleich mit den Kosten, die in der Privatwirtschaft an ähnlicher Stelle erfahrungsgemäß entstehen, ist möglich. Entsprechende Konsequenzen können ggf. gezogen werden, z. B. Stillegung unwirtschaftlich arbeitender Kostenstellen, zusätzliche Aufgabenerledigung in Kostenstellen, bei denen keine befriedigende Auslastung gegeben ist, Reduzierung des Personals. Kosten der Personenbeförderung lassen sich vergleichen mit Kosten, die bei Taxifahrten erwachsen.
Die Kostenstellenrechnung sagt zwar noch nicht aus, was das einzelne

Produkt kostet. Von dieser Aussage ist sie aber nicht mehr weit entfernt. Die Kostenstellenrechnung bildet somit in den meisten Fällen die Grundlage für die Kostenträgerrechnung.
In der Erweiterten Kameralistik wird aus dem gesamten Zahlenmaterial deutlich, wie sich die Kosten und Erlöse je Kostenstelle verhalten. Auch das neutrale Ergebnis wird vor der eigentlichen Kostenverrechnung ausgewiesen. Aus der Wirtschaftsrechnung, d. h. der Gegenüberstellung von Kosten und Erlösen für jede Haupt- und Nebenkostenstelle, läßt sich eine Kostendeckung, Kostenüberdeckung oder Kostenunterdeckung leicht erkennen; entsprechende Maßnahmen können frühzeitig getroffen werden.

6.3 Kostenträgerrechnung

Während man mit den Begriffen »Kostenartenrechnung« und »Kostenstellenrechnung« jeweils eine bestimmte Matrix verbindet, ist eine ähnliche Assoziation bei der Kostenträgerrechnung nicht möglich. Hierbei handelt es sich zunächst um einen Oberbegriff, der das Ziel dieser Rechnung angibt, nämlich festzustellen, welche Kosten auf die erbrachten Leistungen entfallen. Dabei ist noch nicht zugleich zu identifizieren, nach welchem speziellen Verfahren die Kosten dem Produkt zugerechnet werden.
Unabhängig von der jeweiligen Methode erfaßt man zuerst, welche Kosten für eine bestimmte Produktionsmenge in einem bestimmten Zeitraum entstanden sind. Diese Zuordnung nennt man Kostenträger-Zeitrechnung.
Dividiert man die Kosten durch die Menge der erbrachten Leistung, erhält man als Quotienten die Kosten pro Stück oder pro Einheit. Diese weiterführende Aufgabe läßt sich mit Hilfe der sog. Kostenträger-Einheitsrechnung lösen.
Differenziert man nach der Zeit, so unterscheidet man eine Rechnung mit zukünftigen Werten, Vorkalkulation geheißen, oder eine Rechnung mit Werten der Vergangenheit, Nachkalkulation bezeichnet, oder eine Rechnung mit Gegenwartswerten, die Zwischenkalkulation bezeichnet wird. An anderer Stelle (1.4.3) wurde bereits hierauf eingegangen.
Daneben können die Kalkulationsverfahren der Kostenträgerrechnung nach der Art der Produktion unterschieden werden. Welches Verfahren im Einzelfall angewendet wird, hängt stark von dem genannten Kriterium ab.
Bei einfacher Fertigung, nämlich der Massenfertigung *eines* Gutes, wird grundsätzlich anders kalkuliert als bei Massenfertigung *etwa gleichartiger* Güter, also bei Produkten, die einen hohen Grad innerer Verwandtschaft aufweisen. Die *Einzelfertigung* erfordert in der Regel wiederum eine andere Kostenverrechnung. Während man sich im ersten Fall der *Divisions*kalkulation und im zweiten Fall der *Äquivalenzziffern*rechnung bedient, ist im

dritten Fall die *Zuschlags*kalkulation anzutreffen. Diese drei Grundverfahren stehen hier zur Verfügung; ihre Verästelungen werden nicht erörtert.

6.3.1 Divisionskalkulation

Die Divisionskalkulation als die einfachste Form der Kostenträgerrechnung findet dort Anwendung, wo hinreichend gleichmäßige Leistungen erstellt werden. Es ist einerseits denkbar, daß a) der Divisionskalkulation lediglich eine Kostenartenrechnung vorausgeht. Hierbei ist eine Aufteilung der Kosten auf Kostenstellen nicht notwendig, weil das Produkt den ganzen Betrieb in Anspruch nimmt. Zum anderen kommt sie auch in Zusammenhang b) mit der Kostenstellenrechnung vor, die Voraussetzung dafür ist, daß die jeweiligen unterschiedlichen Kosten für die unterschiedlichen Leistungen in den einzelnen Kostenstellen ermittelt werden und Produktionsmenge sowie Kosten einander zugeordnet werden.

Um die Kosten je Leistungseinheit ermitteln zu können, wird folgende Formel zugrunde gelegt:

$$\frac{\text{Gesamtkosten der Rechnungsperiode}}{\text{Gesamtzahl der Leistungseinheiten der Rechnungseinheiten}} = \text{Kosten je Leistungseinheit}$$

Beispiel zu a): In der Müllverbrennungsanlage wurden im abgelaufenen Jahr 106 035 t feste Abfälle verbrannt. Die Betriebskosten (Personalkosten, Maschinenunterhaltung, Verwaltungskosten, kalkulatorische Abschreibung, kalkulatorische Zinsen, sonstige Betriebskosten) beliefen sich auf 4 735 896,– DM. Wie hoch lagen die Verbrennungskosten je t?

$$\frac{4\,735\,896}{106\,035} = 44{,}66 \text{ DM je t}$$

Beispiel zu b): Entsprechend den Werten der Kostenstellenrechnung wurden 602 015 m Frontlänge durchschnittlich von der Kostenstelle »Straßenreinigung« gesäubert. Die Kosten beliefen sich im letzten Jahr auf 2 139 648,– DM. Die Kostenstelle »Winterdienstkosten« reinigte 580 315 m Frontlänge, und es entstanden hier Kosten in Höhe von 310 534,– DM. Wie hoch waren die Straßenreinigungskosten und die Winterdienstkosten je Frontmeter?

$$\frac{2\,139\,648}{602\,015} = \underline{3{,}55 \text{ DM}} \text{ Straßenreinigung je Frontmeter}$$

$$\frac{310\,534}{580\,315} = \underline{0{,}54 \text{ DM}} \text{ Winterdienst je Frontmeter}$$

Aus der Kostenstellenrechnung des Vieh- und Schlachthofes ließen sich in ähnlicher Weise die Kosten der Schweineschlachtung, der Pferdeschlachtung, der Sanitätsschlachtung, der Eiserzeugung usw. errechnen.

In der Erwerbswirtschaft stellen relativ wenig Betriebe nur ein einheitliches Produkt her. Da die Unternehmungen meistens verschiedenartige Güter erzeugen, ist die Ermittlung der Stückkosten wesentlich schwieriger als hier.
Im Bereich der öffentlichen Hand können dagegen häufig mit Hilfe dieses Kalkulationsverfahrens die Stückkosten errechnet werden, so etwa bei der Elektrizitätsversorgung, der Trinkwasserversorgung, der Müllverbrennung, dem Fernheizwerk, den Autokosten des Fuhrparks.

6.3.2 Äquivalenzziffernrechnung

Die Äquivalenzziffernrechnung stellt eine »gewogene« Divisionskalkulation dar. Sie findet Anwendung, wenn zugleich mehrere Leistungen von einer Organisationseinheit mit typischem Betriebscharakter erbracht werden, die einen hohen Grad innerer Verwandtschaft aufweisen. Die einzelnen Leistungen sind miteinander in großem Maße vergleichbar.
In der Privatwirtschaft kommt sie beispielsweise bei der Kalkulation von Blechen und Drähten verschiedener Stärken, Garnen verschiedener Nummern, Bier in unterschiedlichen Qualitäten vor.
Im Bereich der öffentlichen Hand trifft man sie insbesondere bei den kommunalen Krankenanstalten, bei der Kanalisation und bei der Müllabfuhr an.
Äquivalent bedeutet svw. gleichwertig, von gleicher Geltung. Die Äquivalenzziffern sind Kostenverhältnisziffern, die ausdrücken, welche Kostenrelationen zwischen den vergleichbaren Leistungen bestehen. Sie zu ermitteln ist die bedeutendste Schwierigkeit für den Kostenrechner. Als zuverlässigstes Verfahren haben sich analytische Kostenuntersuchungen erwiesen. Durch Beobachtungen, Messungen, Feststellungen werden Aufzeichnungen darüber angefertigt, wie kostenintensiv etwa gleichartige Produkte sind.
Anhand eines Beispiels der Abfallbeseitigung läßt sich die Ermittlung von Äquivalenzziffern aufzeigen. Durch Kostenanalysen wurde festgestellt, daß bei der Entleerung von 25-l-Behältern 90 % der Kosten entstehen, die bei der Verwendung von 35-l-Behältern anfallen (= 100 %). Werden 50-l-Behälter benutzt, belaufen sich die Mehrkosten auf 40 % (insgesamt gleich 140 %).
Eine der drei Leistungen wird dem Faktor 1 gleichgesetzt; hier zweckmäßigerweise die Entleerung des 35-l-Normalbehälters. Dem kleineren Mülleimer (25 l) müßte dementsprechend der Faktor 0,9 und dem größeren (50 l) der Faktor 1,4 zugeordnet werden.
Die Gesamtkosten der Müllabfuhr werden im kommenden Jahr bei einmaliger wöchentlicher Abfuhr DM 534 800,– betragen. 800 Haushalte verfügen über Behälter von 25 l, 12 600 Haushalte über die Normalgröße

und 1 400 Haushalte über Behälter von 50 l. Wie hoch belaufen sich die Jahreskosten je Behälter im Durchschnitt?

Leistungs- art (a)	Leistungs- menge (b)	Äquiv.- Ziffer (c)	wertgleiche Größen (d)	Stück- kosten (e)	Probe
25 l	800	0,9	720	31,50	25 200,—
35 l	12 600	1	12 600	35,—	441 000,—
50 l	1 400	1,4	1 960	49,—	68 600,—
			15 280		534 800,—

Erklärungen zur Äquivalenzziffernrechnung
A. Um diese Kalkulation durchführen zu können, werden folgende Daten benötigt:
  1. Gesamtkosten der Produktion für einen bestimmten Zeitraum
  2. Menge der unterschiedlichen Leistungen in dem gewählten Zeitraum
  3. Äquivalenzziffern.
B. Rechenverfahren der Äquivalenzziffern-Kalkulation
  1. Zunächst schreibt man die verschiedenen Leistungskategorien (a) untereinander.
  2. Weiterhin werden die Leistungsmengen der jeweiligen Leistungskategorie (b) zugeordnet.
  3. Jede Leistungskategorie wird mit der ermittelten Äquivalenzziffer (c) versehen.
  4. Die Menge, multipliziert mit der jeweiligen Äquivalenzziffer (b×c), ergibt die wertgleichen Größen je Leistungskategorie.
  5. Die Summe der wertgleichen Größen (d) wird errechnet.
  6. Die Gesamtkosten, dividiert durch die Summe der wertgleichen Größen, ergeben als Quotienten den Betrag, der auf die wertgleiche Größe 1 entfällt, die wiederum mit der Äquivalenzziffer 1 identisch ist (e: zweiter Wert).
  7. Ist der Wert für die Äquivalenzziffer 1 bekannt, braucht dieser nur noch mit dem einen (0,9) und dem anderen (1,4) multipliziert zu werden (e: erster und dritter Wert).
C. Soll die Richtigkeit der Rechnung nachgewiesen werden (Probe), multipliziert man die Leistungsmenge mit den jeweiligen Stückkosten der unterschiedlichen Müllgefäße (b × e). Die Summe der Produkte muß mit den Gesamtkosten übereinstimmen.
Im Regelfall baut die Äquivalenzziffernrechnung auf einer Kostenartenrechnung auf. In Ausnahmefällen kann auch eine Kostenstellenrechnung vorausgehen.
Bei der Ermittlung der Stückkosten je Leistung im Vieh- und Schlachthof wird in der Regel auf der Basis der Kostenstellenrechnung die Kosten-

summe je Haupt- und Nebenkostenstelle errechnet. Anschließend werden die Leistungen pro Stück je Kostenstelle entweder mit Hilfe der Divisionskalkulation oder mit Hilfe der Äquivalenzziffernrechnung (z. B. Kleinviehschlachtung, Großviehschlachtung) errechnet.
Im Anschluß an eine Kostenstellenrechnung können durchaus Divisionskalkulation und Äquivalenzziffernrechnung nebeneinander angewandt werden.
Die unterschiedlichen Kosten der Abfallbeseitigung je nach Größe des Müllgefäßes lassen sich nur mit der gewogenen Divisionskalkulation (= Äquivalenzziffernrechnung) ermitteln.

6.3.3 Betriebsabrechnungsbogen und Zuschlagskalkulation

Als anspruchsvollste Kalkulationsmethode wird die Zuschlagskalkulation betrachtet. Bei dieser wird ein Teil der Kosten direkt (als Einzelkosten), ein anderer Teil indirekt (als Gemeinkosten) dem Kostenträger angelastet. Dieses Kalkulationsverfahren setzt eine Kostenstellenrechnung voraus, die lediglich Gemeinkosten verrechnet. Den verschiedenen Gemeinkosten je Kostenstelle innerhalb eines Zeitraumes werden zuerst bestimmte Einzelkosten der gleichen Periode zugeordnet. Dabei wird unterstellt, daß zwischen den jeweiligen Einzel- und Gemeinkosten eine Proportionalität besteht.
So wird davon ausgegangen, daß die Materialgemeinkosten (z. B. Kosten der Lagerverwaltung) zu den Materialeinzelkosten (z. B. Rohstoffen) in Beziehung stehen. Jedesmal, wenn Rohstoffkosten entstehen, sind zugleich Kosten der Lagerverwaltung angelaufen.
Den Fertigungsgemeinkosten (z. B. den Hilfsstoffen, Betriebsstoffen, dem Verschleiß an Maschinen und Werkzeugen) stehen die Fertigungseinzelkosten (beispielsweise Fertigungslöhne der Bediensteten, die an einem bestimmten Produkt arbeiten) gegenüber. Wenn Fertigungseinzelkosten entstanden sind, erwachsen somit dem Betrieb auch Fertigungsgemeinkosten.
Alle Material- und Fertigungskosten werden addiert, als Resultat erhält man die Herstellungskosten. Auf diese Zuschlagsbasis werden die Verwaltungs- und Vertriebsgemeinkosten bezogen, denn die Verwaltung und der Vertrieb ermöglichen es, daß die erzeugten Produkte auch abgesetzt werden können. Die Herstellungskosten zuzüglich der Verwaltungs- und Vertriebsgemeinkosten ergeben die Selbstkosten.
Der Betriebsabrechnungsbogen ist eine weitergeführte Kostenstellenrechnung mit dem Ziel, Gemeinkosten-Zuschlagssätze zu ermitteln, mit deren Hilfe später jeder Auftrag bis hin zu den Selbstkosten kalkuliert werden kann.

Folgende Werte weist eine Kostenstellenrechnung einer Reparaturwerkstätte aus:

	Material-beschaffung	Fertigung	Verwaltung	Vertrieb
Summe der Gemeinkosten 37 774,–	MGK 5 400,–	FGK 21 000,–	VwGK 6 050,–	VtGK 5 324,–
Zuschlagsgrundlage (=100 %)	MEK 12 000,–	FEK 10 000,–	Herstellungskosten 48 400,–	
Gemeinkosten-Zuschlagsätze (Ist)	45 %	210 %	12½ %	11 %
Gemeinkosten-Zuschlagsätze (Soll)	50 %	215 %	25 %	

Erklärungen zum Betriebsabrechnungsbogen (BAB)
1. Die Kostenstellenrechnung als Teil des Betriebsabrechnungsbogens wird hier nur im Ergebnis dargestellt. Die Summe der Gemeinkosten beträgt 37 774,– DM und verteilt sich auf die vier Kostenstellen: Materialbeschaffung, Fertigung, Verwaltung und Vertrieb.
2. Die Materialeinzelkosten werden gleich 100 % gesetzt, und man rechnet aus, wieviel Prozent davon die Materialgemeinkosten von 5 400,– DM ausmachen. Ergebnis: Materialgemeinkosten-Zuschlagsatz (Ist) = 45 %.
Die Fertigungseinzelkosten von 10 000,– DM bilden die Zuschlagsgrundlage für die Fertigungsgemeinkosten in Höhe von 21 000,– DM, Fertigungsgemeinkosten-Zuschlagssatz (Ist) = 210 %.
Die Materialkosten (Materialeinzel- und -gemeinkosten) und die Fertigungskosten (Fertigungseinzel- und -gemeinkosten) werden addiert. Man erhält auf diese Weise die Herstellungskosten.
3. Die Herstellungskosten in Höhe von 48 400,– DM dienen als Basis für die Verwaltungsgemeinkosten von 6 050,– und für die Vertriebsgemeinkosten von 5 324,– DM. Als Verwaltungsgemeinkosten-Zuschlagssatz läßt sich daraus 12½ % und als Vertriebsgemeinkosten-Zuschlagssatz (Ist) 11 % ableiten.
4. Neben den hier errechneten Ist-Sätzen könnte mit etwas großzügigeren Gemeinkosten-Zuschlagssätzen (Soll) gerechnet werden. Verwaltungs- und Vertriebsgemeinkosten lassen sich der Einfachheit halber zu einem Zuschlag zusammenfassen.

Zuschlagskalkulation
Mit Hilfe der im Betriebsabrechnungsbogen errechneten Gemeinkostenzuschlagssätze soll folgender Auftrag kalkuliert werden, für den an Materialeinzelkosten 400,– DM und an Fertigungseinzelkosten 650,– DM nachgewiesen wurden. Die Selbstkosten sind zu ermitteln. Die Rechnung soll a) mit Istsätzen, b) mit Sollsätzen durchgeführt werden.

Aufgabe a)

Materialeinzelkosten	100 % =	400,— DM
+ Materialgemeinkosten	45 % =	180,— DM
Materialkosten (1)		580,— DM
Fertigungseinzelkosten	100 % =	650,— DM
+ Fertigungsgemeinkosten	210 % =	1 365,— DM
Fertigungskosten (2)		2 015,— DM
Herstellungskosten (1 und 2)	100 %	2 595,— DM
+ Verwaltungsgemeinkosten	12½ %	324,38 DM
+ Vertriebsgemeinkosten	11 %	285,45 DM
Selbstkosten		3 204,83 DM

Aufgabe b)

Materialeinzelkosten	100 % =	400,— DM
+ Materialgemeinkosten	50 % =	200,— DM
Materialkosten		600,— DM
Fertigungseinzelkosten	100 % =	650,— DM
+ Fertigungsgemeinkosten	215 % =	1 397,50 DM
Fertigungskosten		2 047,50 DM
Herstellungskosten	100 %	2 647,50 DM
+ Verwaltungsgemeinkosten u. Vertriebsgemeinkosten	25 %	661,88 DM
Selbstkosten		3 309,38 DM

Das Hauptanwendungsgebiet der Zuschlagskalkulation liegt bei der Einzelfertigung; der Einsatz dieser Kalkulationsmethode in Betrieben der öffentlichen Hand ist recht begrenzt. Es kommt allerdings vor, daß man sie bei der Ermittlung der Kosten von innerbetrieblichen Leistungen[2], z. B. bei Eigenanfertigung von Anlagegegenständen, benötigt. Auch hier können Materialgemeinkosten auf die Materialeinzelkosten und die Fertigungsgemeinkosten auf die Fertigungseinzelkosten bezogen werden, weil entsprechende Proportionalitäten zwischen den jeweiligen Kosten unterstellt werden können.

Schreml[3] führt in diesem Zusammenhang die Lagerverwaltung an; als Zuschlagsgrundlage fungieren die einzelnen Lagerwerte, und die Gemeinkosten für den Lagerbetrieb (Personal- und Sachkosten) müssen hinzugerechnet werden; die Formel lautet:

$$\text{Zuschlagssatz für die Lagergemeinkosten} = \frac{\text{Summe der Lagergemeinkosten} \times 100}{\text{Summe der ausgegebenen Lagerwerte}}.$$

---
[2] Fuchs-Zentgraf, a.a.O., S. 127.
[3] Schreml, a.a.O., S. 64 f.

Die gelagerten Waren werden zu einem Verrechnungspreis in die Produktion abgegeben, der neben den Lagerwerten den durchschnittlichen Lagergemeinkostenzuschlag umfaßt.
Die Zuschlagskalkulation stellt ein recht exaktes Kalkulationsverfahren dar.

6.3.4 Betriebsabschlußbogen

Der Betriebsabschlußbogen (BABB) ist in der Erweiterten Kameralistik die wirtschaftliche Gesamtübersicht über eine kostenrechnende Einrichtung nach Ablauf einer bestimmten Rechnungsperiode (Kalenderjahr). Während der Betriebsabrechnungsbogen (BAB) in der Kostenrechnung auf der Basis der kaufmännischen Buchführung zunächst lediglich die Gemeinkosten verrechnet mit dem Ziel, nach späterer Einbeziehung der Einzelkosten die Gemeinkosten-Zuschlagssätze zu ermitteln, ist der Betriebsabschlußbogen in seiner Grundstruktur wesentlich breiter angelegt. Hier werden an erster Stelle die einzelnen Ausgaben und global die Einnahmen je Organisationseinheit mit typischem Betriebscharakter erfaßt und entsprechend der Dreigliederung Vermögensrechnung, neutrale Rechnung und Wirtschaftsrechnung geordnet. Auf diese Weise filtert man die Kosten neben den kalkulatorischen Ansätzen und die Erlöse aus dem kameralistischen Zahlenwerk heraus. Diese werden auf die einzelnen Kostenstellen umgelegt.
Im Gegensatz zum Betriebsabrechnungsbogen handelt es sich hierbei einerseits um eine Vollkostenrechnung und andererseits um eine Erlösrechnung. Beide Merkmale sind typisch für den Betriebsabschluß, denn die Kontrolle, ob kostendeckende Gebühren erhoben wurden, ist nur möglich, wenn sämtliche Kosten erfaßt und wenn ihnen die Erlöse gegenübergestellt worden sind.
Drei wesentliche Ergebnisse sollten mit dem Betriebsabschlußbogen erzielt werden: a) das finanzwirtschaftliche Ergebnis, b) das erfolgswirtschaftliche Ergebnis und c) das kostenrechnerische Ergebnis. Darüber hinaus können im Anschluß an den Betriebsabschlußbogen verschiedene betriebswirtschaftliche Kennziffern nachgewiesen werden.
Die horizontale Gliederung des Betriebsabschlußbogens für einen Vieh- und Schlachthof könnte folgende Spalten umfassen:

Haushalts- stellen Sp. 1	Ausgaben (einschl. kalkulatorischer Kosten) Einnahmen Sp. 2		Verrechnungs- vermerke Sp. 3	Haushaltsplan- Zahlen Sp. 4
Anordnungs- Soll Sp. 5	Ausgliederung		Eingliederung Verrechnungsposten d. Wirtschaftsrechnung Sp. 8	
	Vermögens- rechnung Sp. 6	Neutrale Rechnung Sp. 7		

Wirtschafts-rechnung Sp. 9	Hauptkostenstellen z. B. Sp. 10–15	Hilfskosten-stellen Sp. 16	Verwaltungs-kostenstellen Sp. 17	Allgemeine Kostenstellen Sp. 18

Die Spalten 1–9 können bei jeder kostenrechnenden Einrichtung etwa in dieser Form geführt werden; die Spalten 10 ff. enthalten die für jede kostenrechnende Einrichtung spezifische Unterteilung der Kostenstellen, z. B. unterschiedliche Bezeichnungen der Hauptkostenstellen des Vieh- und Schlachthofes einerseits, der Abwasserbeseitigung andererseits. Die verschieden benannten Kostenstellen wie Großviehmarkt, Kleinviehmarkt oder Entwässerungseinleitungen, Abwasserreinigung usw. lassen sich auf die oben angeführten Oberbegriffe zurückführen.

Aus der bisher aufgezeigten Struktur wird erkennbar, daß die Erweiterte Kameralistik aus den Zahlen der kameralistischen Buchführung abzuleiten ist.

Die vertikale Gliederung kann man – wie folgt – gestalten:

A. Ausgabesummen und direkte Stellenkosten
B. Von den Kosten abzuziehende Nebenerträge
C. Zwischensumme (A–B)
D. Vermögenswirksame Einnahmen
E. Neutrale Einnahmen
F. Stellenkosten
G. Umlage der Hilfskostenstellen und der Kostenstellen mit Hilfskostenstellen-Charakter
H. Durch Leistungsentgelte zu deckende Kosten
I. Gebühreneinnahmen (Erlöse)
J. Gesamteinnahmen
K. Finanzwirtschaftliches Ergebnis
L. Erfolgswirtschaftliches Ergebnis
M. Betriebsergebnis
N. Kostenrechnerische Ergebnisse.

Aus diesen Werten ergibt sich ein abgerundeter Überblick über die wirtschaftliche Entwicklung der kostenrechnenden Einrichtung innerhalb einer Rechnungsperiode.

7 Aufgaben der Kostenrechnung

Eine Produktion bezeichnet man als wirtschaftlich, wenn ein bestimmter Zweck mit einem Minimum an Mitteleinsatz erfüllt wird. Voraussetzung für ein wirtschaftliches Handeln im Betrieb ist somit die genaue Kenntnis der Kosten. Diese wird nicht durch die kaufmännische Buchführung oder die Kameralistik, sondern nur durch eine gesonderte Kostenrechnung erreicht.

7.1 Aufgabe der Kostenrechnung auf der Grundlage der kaufmännischen Buchführung (Eigenbetriebe und Eigengesellschaften)

7.1.1 Erfassung der Kosten

Für die Kostenrechnung sind nicht Ausgaben oder Aufwendungen schlechthin von Bedeutung, sondern ausschließlich die Kosten, die genau erfaßt und verrechnet werden müssen. Neben den Grundkosten, die in der Regel auch in der kaufmännischen Buchführung ihren Niederschlag finden, sind die kalkulatorischen Kosten anzusetzen. Der gesamte Sachgüter- und/oder Leistungsverzehr, der bei der Produktion innerhalb einer Rechnungsperiode eintritt, muß aus dem Zahlenmaterial der Buchführung herausgefiltert werden.

7.1.2 Ermittlung der Selbstkosten

Der Ausgangswert für die Preiskalkulation stellt die Selbstkostenbasis dar; gemeint sind zum einen die Selbstkosten für die Produktionsmenge innerhalb eines bestimmten Zeitraumes, zum anderen die Selbstkosten pro Stück. In den Selbstkosten sind sowohl Grundkosten enthalten als auch kalkulatorische Kosten, die nicht zu den Gewinnbestandteilen (kalkulatorische Gewinnkosten) zählen, z. B. kalkulatorische Miete, kalkulatorische Abschreibung. Kein Unternehmer der Privatwirtschaft kann es sich über eine längere Zeit leisten, seine Produkte unterhalb der Selbstkosten am Markte anzubieten. Auch ein Verkauf der Güter zu den Selbstkosten gefährdet seine Existenz, weil ohne Gewinn auf Dauer kein Unternehmer zu produzieren bereit ist.

7.1.3 Kontrolle des Betriebsgebarens

Die Kostenrechnung eignet sich dazu, Unwirtschaftlichkeiten aufzuspüren. Allein die Beobachtung der Gesamtkosten und der Stückkosten gibt noch keinen Anhalt dafür, wo ein Mißverhältnis zwischen Kosten und Leistungen vorliegt. Daher ist es notwendig, die Kosten hinreichend genau zu gliedern, und zwar sowohl nach Kostenarten als auch nach Kostenstellen.
Um Kostenentwicklungen zu ergründen, werden innerbetriebliche und zwischenbetriebliche Vergleiche angestellt. Bei dem innerbetrieblichen Vergleich geht es um Werte der Gegenwart, die mit denen der Vergangenheit in Beziehung gesetzt werden. Beobachtet man die Kosten mehrerer Zeiträume des gleichen Betriebs, lassen sich bestimmte Entwicklungstendenzen finden (gleichbleibende, fallende, steigende, schwankende Kostentendenz).
Beim zwischenbetrieblichen Vergleich werden z. B. Gesamtkosten, Stückkosten oder einzelne Kostenarten bzw. Kostenpositionen gleichartiger Betriebe im gleichen Zeitraum miteinander in Beziehung gesetzt. Derartige Vergleiche zeigen – ähnlich wie eine Tabelle einer Fußballiga – an, wie rationell oder wenig rationell der einzelne produziert. Der Kostenrechner wird auf diese Weise veranlaßt, darüber nachzudenken, wo Rationalisierungen notwendig sind, weil beispielsweise in einer Kostenstelle das Personal nicht ausgelastet ist. Er kann Vorschläge machen, welche Produktionen umgestellt oder eingestellt werden sollten, wie Kosten eingespart werden können.

7.1.4 Hilfe bei der Planung

Die Kostenrechnung liefert wesentliche Daten für die Planung. Bevor Investitionsentscheidungen getroffen werden, sind entsprechende Investitionsrechnungen anzustellen. Grundlage dafür sind die Kosten und Folgekosten früherer Investitionen.
Auch das Mittel des Verfahrensvergleichs (z. B. Kosten der Ölheizung – Kosten der Gasheizung) stellt eine erhebliche Entscheidungshilfe dar, welches Produktionsverfahren das kostengünstigere oder kostengünstigste ist. Die genannten Argumente und Vergleiche geben der Betriebsleitung viele Hinweise, wie das Betriebsgebaren kontrolliert werden kann. »Der beste Überblick über den Betrieb, alle Aufstellungen und die gesamte Buchführung haben jedoch nur Sinn, wenn daraus entsprechende Schlüsse gezogen werden und ein Handeln folgt.«[1]

---
1 Fuchs-Zentgraf, a.a.O., S. 134.

7.2 Ziele der betrieblichen Tätigkeit

Ziele der betrieblichen Tätigkeit sind Rentabilität, Wirtschaftlichkeit, Produktivität und Liquidität.

7.2.1 Rentabilität

Rentabel heißt zinstragend, einträglich. Die Rentabilitätsziffer zeigt dem Betrieb die Höhe der erwirtschafteten Kapitalverzinsung an. Erwerbswirtschaftlich orientierte Betriebe erstreben eine maximale Rentabilität, Genossenschaften und öffentliche Unternehmungen dagegen streben eine limitierte Gewinnerzielung an. Die Rentabilität ist ein Maßstab für Kapitalerhaltung und Kapitalerweiterung.
Kapital ist betriebsnotwendig, daher muß es erhalten werden; Kapital ist Risiken ausgesetzt, daher muß es gesichert werden. In Zeiten wachsender Bilanzpositionen kann der Eigenkapitalanteil nicht stagnieren, was sonst einer Senkung der Eigenkapitalquote gleichkäme. Die Kapitalausstattung muß folglich durch Gewinn gestärkt werden.
Die einzelne Rentabilitätsziffer sagt noch nicht viel aus, die Rentabilität in verschiedenen Jahren zeigt dagegen an, in welchem Maße sich die Unternehmenstätigkeit gelohnt hat.
Mit Hilfe von Formeln läßt sich die Rentabilität errechnen:

Rentabilität des Eigenkapitals:
$$REK = \frac{\text{bereinigter Gewinn}^2 \times 100}{\text{Eigenkapital}}$$

Rentabilität des Gesamtkapitals:
$$RGK = \frac{(\text{bereinigter Gew.} + \text{Zi. f. FK}) \times 100}{\text{Gesamtkapital}}$$

7.2.2 Wirtschaftlichkeit

Der Wirtschaftlichkeitsbegriff kann zunächst vom wirtschaftlichen Prinzip abgeleitet werden (Verhältnis von Mitteleinsatz zum Erfolg). In der Praxis wird die Wirtschaftlichkeit ermittelt aus der Summe der Erträge, dividiert durch die Summe der Aufwendungen, multipliziert mit Hundert[3].
Ein Wert unter hundert bedeutet Unwirtschaftlichkeit, hundert ist die Grenze zwischen Unwirtschaftlichkeit und Wirtschaftlichkeit, ein Wert über hundert gibt den jeweiligen Wirtschaftlichkeitsgrad an.

---

[2] Der Gewinn muß ggf. um den Unternehmerlohn bereinigt werden.

[3] Als Formel ausgedrückt: $W = \frac{\text{Erträge} \times 100}{\text{Aufwendungen}}$

7.2.3 Produktivität

Produktiv heißt ergiebig, fruchtbar, schöpferisch. Ein Kennzeichen für Produktivität ist das Mengendenken (Mengenangabe) anstelle der Wertangaben wie bei der Rentabilität und Wirtschaftlichkeit. Bisweilen wird Produktivität mit Produktionsmenge gleichgesetzt.
Eine exakte Messung der Produktivität stößt auf Schwierigkeiten, weil entsprechend jeder Produktion (Kombination der drei Produktionsfaktoren) die Ausbringung nicht dem einzelnen Produktionsfaktor zugerechnet werden kann.
Eine größere Produktivität pro Arbeitsstunde kann das Ergebnis größerer Arbeitsintensität oder eines vermehrten Maschineneinsatzes oder beider Faktoren sein (Problem der Zurechenbarkeit). In allen Fällen liegt eine Produktivitätssteigerung vor.
Da eine Gesamtproduktivitätsangabe nicht möglich ist, beschränkt man sich entweder auf die Angabe der Produktionsmenge innerhalb eines bestimmten Zeitraumes, oder man bedient sich partieller Produktivitäten. Hierbei wird eine Produktionsmengenangabe nur einem Faktor zugerechnet, z. B. dem, der den überwiegenden Anteil an der Produktionsmenge hat. Ggf. wird nur ein Teil eines Produktionsfaktors zugrunde gelegt.
Beispiele:
Arbeitsproduktivität
1 Arbeiter stellt 10 Paar Schuhe in der Stunde im Jahr X her,
1 Arbeiter stellt 12 Paar Schuhe in der Stunde im Jahr Y her.

Produktivität der Landwirtschaft je Flächeneinheit	Jahr X	Jahr Y
eingesetzte Düngermenge	152 kg	200 kg
Getreideertrag	23 dz	27 dz.

7.2.4 Liquidität

Liquide sein bedeutet flüssig sein. Die Liquidität gibt das Verhältnis von vorhandenen flüssigen Mitteln zu benötigten flüssigen Mitteln an. Der Betrieb sollte eine optimale Liquidität anstreben.

$$L = \frac{\text{vorhandene flüssige Mittel} \times 100}{\text{benötigte flüssige Mittel}}$$

Mögliche Ergebnisse:
Überliquidität	L = größer als 100 %
optimale Liquidität	L = 100 %
Unterliquidität	L = geringer als 100 %
Illiquidität	L = wesentlich geringer als 100 %.

Die Grundsätze der Rentabilität, Produktivität und der Wirtschaftlichkeit tendieren infolge ihrer inneren Verwandtschaft im allgemeinen in die gleiche Richtung.

Mit Hilfe des Rechnungswesens läßt sich eine Reihe von Kennziffern ermitteln, mit deren Hilfe die Leistungsfähigkeit eines Betriebes beurteilt werden kann.

7.3 Aufgaben der Erweiterten Kameralistik (kostenrechnende Einrichtungen)

Nach dem Gutachten »Betriebsabrechnung (Kostenrechnung): Anwendung in der kommunalen Praxis«[4] soll mit Hilfe des Systems der Erweiterten Kameralistik folgendes erreicht werden:
»1. Beibehaltung der kameralen Rechnungsweise für die laufenden Buchungen und damit Wahrung der Grundsätze ›Einheit der Verwaltung‹ und der ›Einheit der Finanzwirtschaft‹.«
Diese Argumentation integriert die Erweiterte Kameralistik in das kamerale Gesamtsystem. Lange Zeit hat literarischer Streit darüber geherrscht, ob die kamerale oder kaufmännische Rechnungsweise für die Verwaltung das angemessene System sei. Nachdem nunmehr auch die Kostenrechnung ohne die kaufmännische Buchführung auskommt, ist das kamerale Gesamtsystem für die öffentliche Verwaltung noch weiter gefestigt worden.
»2. einwandfreie kostenrechnerische Ergebnisse für den jeweiligen Einzelbetrieb und dessen Betriebsabteilungen als Grundlage für die Rationalisierung.«
Hier wird offensichtlich an die mannigfachen Teilergebnisse gedacht, die die verschiedenen Kostenrechnungsverfahren mit ihren Vergleichen bieten. Hierdurch sind Ansatzpunkte und Anregungen für Kosteneinsparungen gegeben. Man kann beurteilen, wo Kostenschwerpunkte liegen, kennt die Kosten einzelner Kostenstellen, man kann sich für die Anwendung des rationellsten Produktionsverfahrens einsetzen.
»3. ordnungsmäßige Unterlagen für die Fortschreibung des Vermögens als Mittel zur Substanzerhaltung.«
Hierbei ist vor allem an die Nebenbuchführung gedacht, die die Gegenstände des Anlagevermögens registriert. Die sog. Anlagekartei hält alle wesentlichen Bestände und Änderungen des Vermögens fest, eingeschlossen ist der Aufwand, der dem Nutzungsverschleiß entspricht. Will man die Substanz erhalten, muß man vom Nominalwertprinzip der Abschreibung abkehren und statt dessen als Abschreibungsbasis den Wiederbeschaffungszeitwert wählen. Diese Nebenbuchführung ermöglicht es, stets einen Über-

---

[4] Kommunale Gemeinschaftsstelle für Verwaltungsvereinfachung, Rundschreiben Nr. 5/1970, S. 8 f.

blick über die Vermögenswerte zu gewinnen, und schafft die Voraussetzung für die Sicherung und die Ausweitung des betrieblichen Realkapitals.
»4. eine kostengerechte Ermittlung des Bedarfs an Leistungsentgelten, wobei es grundsätzlich von zweitrangiger Bedeutung ist, ob das Voll- oder Teilkostendeckungsprinzip zum Zuge kommt.«
Dieses Argument gehört sicherlich zu den wichtigsten. Man muß mit Hilfe der Erweiterten Kameralistik die Kosten ermitteln, damit in der Regel eine kostendeckende Gebühr erhoben werden kann. Ohne Betriebsabrechnung läßt sich der richtige Bedarf an Leistungsentgelten nicht feststellen. Die Benutzer der entsprechenden Einrichtungen sollen nur in dem Grade mit Gebühren belastet werden, wie es nachweislich sachlich notwendig und wirtschaftlich vertretbar ist. Der Nachsatz warnt davor, zu glauben, daß die Kostenrechnung nur dort angebracht sei, wo die Kosten durch Leistungsentgelte gedeckt werden. Mithin ist auch in kulturellen Einrichtungen (z. B. Theater) eine Betriebsabrechnung denkbar. Die Höhe der Gebühr darf nicht der einzig ausschlaggebende Grund für die Überlegung sein, ob ein Betrieb durch eine Kostenrechnung kontrolliert wird oder nicht.
»5. eine bessere Durchsichtigkeit der Haushaltswirtschaft sowie eine Erleichterung der Haushaltsplanung und Haushaltskontrolle.«
Es ist richtig, daß die Wirtschaftlichkeit einer Einrichtung hier mit den Kategorien Aufwand/Ertrag gemessen werden kann. Hierzu steuert die Kameralistik nichts bei. Mit dem Betriebsabschlußbogen können ohne Schwierigkeiten Wirtschaftlichkeitskennziffern gebildet werden, Wirtschaftlichkeitsurteile schließen sich an. Mit Hilfe der Zahlen des Betriebsabschlußbogens, die Werte der Rückschau sind, ist die künftige Haushaltsplanung für diese Organisationseinheiten erleichtert. Realistische Ansätze können in Anbetracht des Notwendigen besser durchgesetzt werden. Man wird im Laufe der Zeit die Differenzen zwischen Haushaltssoll und Anordnungssoll so niedrig wie möglich halten, denn in der Kostenrechnung wird nicht nur registriert, daß sich Kosten geändert haben, man geht auch der Frage nach, warum eine Änderung eingetreten ist. In Kenntnis der Gründe für Kostenabweichungen wird man exakter planen können.
»6. wesentlich umfangreichere und bessere Informationen für den Betrieb, die zentralen Ämter, die Verwaltungsführung und für den Rat und seine Ausschüsse.«
Wer richtig und vollständig informiert ist, kann ordentliche Entscheidungen treffen. Diese Tatsache läßt sich nicht leugnen. Die Verantwortlichen der Verwaltung werden hier mit den wichtigsten Ergebnissen versorgt, auf deren Grundlage Beschlüsse zu fassen sind.
»7. In der Kommunalverwaltung ist die Betriebsabrechnung zugleich wichtigstes Hilfsmittel zur Erzielung der Wirtschaftlichkeit und Durchsetzung eines kostenbewußten Denkens und Handelns.«
Um die Wirtschaftlichkeit nachweisen zu können, genügt nicht nur ein entsprechendes Lippenbekenntnis, sondern die Richtigkeit der Behauptung

muß zahlenmäßig überprüfbar sein. Die Durchsetzung des kostenbewußten Denkens und Handels ist als Fernziel zu betrachten. Solange das Personal solche Kategorien nicht zu praktizieren gelernt hat und sich folglicherweise auch nicht danach verhält, dürfte dieses Argument wenig Überzeugungskraft ausstrahlen. Es wird darauf ankommen, das Personal durch planmäßige Ausbildung mit Kosten- und Nutzen-Erwägungen im Laufe der Zeit immer vertrauter zu machen. Je mehr es gelingt, Wirtschaftlichkeit »vorzuleben«, um so mehr Verantwortungsbewußtsein prägt sich den Bediensteten ein, um so weniger macht sich Schlendrian breit.
Die dargestellten Aufgaben stehen nicht in Widerspruch zu denen der Kostenrechnung auf der Grundlage der kaufmännischen Buchführung; sie sind zwar teilweise etwas anders geartet, teilweise decken und ergänzen sie sich.
Die Erweiterte Kameralistik hat sich in der Praxis der öffentlichen Verwaltung als eigenständiges Kostenrechnungssystem durchgesetzt.

7.4 Ergebnisse des Betriebsabschlußbogens in der Erweiterten Kameralistik

Der Betriebsabschlußbogen liefert folgende mögliche Ergebnisse:
1. Das finanzwirtschaftliche Ergebnis
a) Aus der Gegenüberstellung der geplanten einzelnen Ausgaben und der Summe der Einnahmen nach den Ansätzen des Haushaltsplans läßt sich ermitteln, ob der Haushalt dieser Organisationseinheit ausgeglichen ist.
b) Daneben sind die tatsächlichen Ausgaben und Einnahmen in der gleichen Gliederung auf der Basis des Anordnungssolls nach Ablauf des Kalenderjahres im Betriebsabschlußbogen enthalten. Aus der Gegenüberstellung ersieht man, ob in dieser Organisationseinheit durch die Einnahme-Ausgabe-Gebarung eine Liquiditätsvermehrung (Überschuß) oder eine Liquiditätsverminderung (Fehlbetrag) oder ein exakter Liquiditätsausgleich eingetreten ist.
Diese beiden finanzwirtschaftlichen Werte der Vorschau- und Rückschaurechnung stellen keine typischen Aussagen der Erweiterten Kameralistik dar. Da man jedoch von diesen Zahlen ausgehen muß, fallen solche Aussagen als Nebenprodukt an, die zudem als Vergleichsgrößen dienen.
2. Von den Ausgaben sind diejenigen ausgegliedert worden, die vermögenswirksam waren, und diesen wurden die vermögenswirksamen Einnahmen gegenübergestellt. Hieraus erkannt man, welche Vermögensveränderungen sich ergeben haben. Liegen die vermögenswirksamen Ausgaben höher als die entsprechenden Einnahmen, ist ein Zuwachs an Vermögen (i. d. R. Sachvermögen) eingetreten; sind dagegen die vermögenswirksamen Einnahmen höher als die entsprechenden Ausgaben, haben die Vermögenswerte abgenommen. Über die Höhe der Vermögens-

bestände gibt der Betriebsabschlußbogen keinen Aufschluß; um hierüber eine Auskunft zu erhalten, muß man die Werte der Anlagekartei (Nebenbuchführung) einsehen.
3. Die zweite Gruppe der Ausgliederungen umfaßt die einzelnen neutralen Ausgaben und die Summe der neutralen Einnahmen. Hierbei handelt es sich im allgemeinen nur um eine kleine Anzahl von Posten. Überwiegen die neutralen Erträge die neutralen Aufwendungen, liegt ein positives neutrales Ergebnis vor, im umgekehrten Fall wäre ein negatives neutrales Ergebnis festzustellen.
Das neutrale Ergebnis ist bereits ein Teil der Erfolgsrechnung. Hier sind nicht die typischen, sondern die für den Betrieb atypischen Aufwendungen und Erträge registriert.
4. Die Eingliederung von Verrechnungsposten der Wirtschaftsrechnung betrifft insbesondere die kalkulatorischen Abschreibungen, ggf. auch die kalkulatorischen Zinsen. Im übrigen werden die Materialien, die zunächst den Vermögensbeständen zugerechnet werden, zu gegebener Zeit in die Produktion geleitet. In diesem Augenblick werden sie zu Kosten und damit in die Wirtschaftsrechnung eingestellt.
5. Die Posten der Wirtschaftsrechnung umfassen die einzelnen Positionen der Grundkosten und kalkulatorischen Kosten. Demgegenüber stehen die Gesamterlöse. Aus der Gegenüberstellung von Erlösen und Kosten läßt sich der eigentliche Erfolg der betrieblichen Tätigkeit ermitteln, das sog. betriebswirtschaftliche Ergebnis. Entweder könnte hier eine Kostenüberdeckung (Betriebsgewinn), eine Kostenunterdeckung (Betriebsverlust) oder ein Kostenausgleich (theoretischer Grenzfall) eingetreten sein. Die Begriffe Betriebsgewinn und Betriebsverlust werden häufig deswegen im Betriebsabschlußbogen vermieden, weil der Ansatz der kalkulatorischen Abschreibungen häufig vom Wiederbeschaffungswert gewählt wurde (in der den Betriebsgewinn feststellenden Gewinn- und Verlustrechnung der kaufmännischen Buchführung können aus steuerrechtlichen Gründen die Abschreibungen nur nach dem Nominalwertprinzip berücksichtigt werden). Außerdem könnte der Ansatz der kalkulatorischen Zinsen bereits Gewinnanteile enthalten; dieses gilt nicht, wenn lediglich Effektivzinsen verrechnet werden.
6. Aus dem Saldo des neutralen Ergebnisses und dem der Wirtschaftsrechnung setzt sich der Gesamterfolg (Gewinn/Verlust) der jeweiligen Organisationseinheit zusammen.
7. Da die Posten der Wirtschaftsrechnung im Betriebsabschlußbogen auf die einzelnen Kostenstellen umgelegt werden und letztlich auf die einzelnen Haupt- und Nebenkostenstellen bezogen sind, läßt sich aus der Gegenüberstellung der Erlöse und Kosten je Kostenstelle ersehen, ob die Gebühren für die einzelnen Leistungen kostendeckend sind oder nicht.
8. Das eigentliche kostenrechnerische Ergebnis ermittelt man aus allen Kostenstellen, die Erlöse erwirtschaften, dadurch, daß man Kosten je

Kostenstelle und die jeweils dort erbrachten Leistungen zueinander in Beziehung setzt. Damit sind die Stückkosten der einzelnen Leistung bestimmt. Die jeweiligen Stückkosten können mit der zuletzt erhobenen Einzelgebühr verglichen werden. Damit stellt das Zahlenwerk des Betriebsabschlußbogens eine Fülle von kostenrechnerisch bedeutsamen Daten zur Verfügung.
Clausen weist darauf hin, daß in Dienstanweisungen zur Betriebsabrechnung (Betriebsabschlußbogen) im einzelnen geregelt wird, welche weiteren Auswertungen getroffen werden sollen. Beispielsweise gehören hierzu:

A. »Die Darstellung der Ergebnisse der Kostenrechnung in Form eines Auswertungsberichts einschließlich Betriebsabrechnungsbogen mit Erläuterungsbericht.
Der Bericht hat mindestens zu enthalten:
1. die Gründe, die bei der Betriebsabrechnung zu einer etwaigen Abweichung von der Praxis des Vorjahres geführt haben,
2. den Betriebsabrechnungsbogen (Betriebsabschlußbogen, d. V.) mit Erläuterungsbericht,
3. die Entwicklung der Kostenartengruppen,
4. die prozentuale Entwicklung der Kostenartengruppen – gemessen an den Gesamtkosten –,
5. die absolute Entwicklung der Kostenartengruppen in den Kostenstellen,
6. die prozentuale Entwicklung der Kostenartengruppen in den Kostenstellen – gemessen an den Gesamtkosten der Kostenstelle –,
7. die Entwicklung der Kosten je Leistungseinheit,
8. die absolute Entwicklung des Gebührenaufkommens,
9. die prozentuale Entwicklung des Gebührenaufkommens – gemessen an den Gesamtkosten –,
10. die Entwicklung der Gebühren je Leistungseinheit (Gebührensatz).«

B. »Eine Analyse der Ergebnisse der Kostenrechnung
1. In einem Zeitvergleich sind die Ursachen für Unstetigkeiten im Verlauf der Zeitreihen anzugeben.
2. Soweit ein Vergleich mit kostenrechnenden Einrichtungen gleicher Art anderer Gemeinden möglich ist, sind auffallende Abweichungen in den Kostenverläufen zu erklären.
3. Durch Soll-/Ist-Vergleich ist eine Über- oder Unterdeckung zwischen einem vorgegebenen Kostenverlauf (Sollkosten) und dem tatsächlichen Kostenverlauf (Istkosten) hinsichtlich ihrer Ursachen zu erläutern.«

C. »Vorschläge aus den Erkenntnissen der Kostenrechnung für
1. Maßnahmen zur Kostensenkung,
2. Maßnahmen zur Leistungsverbesserung,

3. Anpassung der Gebühren an den Kostenverlauf.«[5]

Die mannigfachen Ergebnisse bilden, wenn sie rechtzeitig nach Ablauf des Abrechnungszeitraumes vorgelegt werden und entsprechende Vorschläge enthalten, die in die Praxis umgesetzt werden, ein geeignetes Mittel zur rationellen Führung von Organisationseinheiten mit typischem Betriebscharakter.

---

[5] Clausen, R., Erweiterte Kameralistik / Betriebsabrechnung, 6. Aufl., Essen 1976, S. 26.

8 Aufgaben und Übungen

8.1 Lernzielfragen und Lernziele zu den einzelnen Kapiteln

Kapitel 1
1. Warum konnte die Kostenrechnung in der öffentlichen Verwaltung in neuerer Zeit eine wachsende Bedeutung erlangen? Begründen Sie Ihre Aussagen!
2. Nennen Sie Bereiche der Leistungsverwaltung, und bilden Sie Beispiele dazu!
3. Wie kann man die kostenrechnenden Systeme in das betriebliche Rechnungswesen eingliedern?
4. Worauf baut das kostenrechnende System in der öffentlichen Verwaltung auf, und wie heißt es?
5. Warum trifft man im Gegensatz zur Kameralistik die Erweiterte Kameralistik nicht in der gesamten Verwaltung an?
6. Worauf gründet sich die Kostenrechnung der wirtschaftlichen Unternehmungen der Gemeinde?
7. Stellen Sie den Umfang von kaufmännischer Buchführung und Kostenrechnung in wirtschaftlichen Unternehmungen der Gemeinde dar!
8. Ordnen Sie die Kostenrechnung der Wissenschaft zu, der sie entstammt!
9. Warum drückt man mit »Erweiterter Kameralistik« das kostenrechnende System der Verwaltung treffender aus als mit »Kostenrechnung«?
10. Mit welchen Rechnungssystemen steht die Erweiterte Kameralistik in Bezug?
11. Was gehört zum Rechnungswesen der Eigenbetriebe gemäß Eigenbetriebsverordnung?
12. Welchen Einrichtungen ist eine Kostenrechnung zur Pflicht gemacht?
13. Wie unterscheiden sich Eigenbetriebe von wirtschaftlichen Unternehmungen der Gemeinde (Eigengesellschaften)?
14. Wie bestimmt der Verordnungsgeber »kostenrechnende Einrichtungen«?
15. Nennen Sie fünf kostenrechnende Einrichtungen der öffentlichen Verwaltung!
16. Welche Merkmale kennzeichnen eine Organisationseinheit mit typischem Betriebscharakter?
17. Nennen Sie synonyme Begriffe für Kostenrechnung!

18. Was bedeutet Kostenkalkulation?
19. Wie unterscheidet sich die Preiskalkulation von der Kostenkalkulation?
20. Führen Sie ein Beispiel für die Einzelkalkulation an!
21. Was bezeichnet man als Gesamtkalkulation?
22. Was versteht man unter Gruppenkalkulation?
23. Führen Sie Merkmale der Vorkalkulation an!
24. In welchem Fall kann man sich eine Zwischenkalkulation vorstellen?
25. Was ist eine Nachkalkulation, und welchen Zwecken dient sie?

Kapitel 2
1. Welche Grobgliederung zeigt die Bilanz auf der Aktiv- und Passivseite?
2. Was heißt Bilanz?
3. Was sagt die Aktivseite, was sagt die Passivseite der Bilanz aus?
4. Umschreiben Sie die Begriffe Anlagevermögen und Umlaufvermögen!
5. Was versteht man unter Fremdkapital?
6. Was stellt man sich unter Eigenkapital vor, womit ist Eigenkapital nicht gleichzusetzen?
7. In welche zwei Gruppen lassen sich Bestandskonten einteilen?
8. Welche vier Posten findet man auf Bestandskonten, und wo stehen diese auf dem Aktivkonto?
9. Welche Posten findet man auf einem Passivkonto, und wo findet man sie?
10. Was bezweckt ein Buchungssatz?
11. Wie entwickelt man einen Buchungssatz?
12. Zu welchem Sammelkonto werden alle Bestandskonten abgeschlossen?
13. Nennen Sie mindestens fünf Konten des Anlagevermögens und fünf Konten des Umlaufvermögens, zwei Konten, die zum Eigenkapital gehören, und drei Konten, die zum Fremdkapital zählen!
14. Wie ist die Gliederung des Inventars?
15. Welchem Zweck dient das Inventar?
16. Wie unterscheiden sich Inventar und Bilanz?
17. Wie lassen sich die Erfolgskonten gliedern?
18. Auf welcher Seite des Erfolgskontos werden Aufwendungen, auf welcher Seite Erträge gebucht?
19. Wie heißt die Abschlußbuchung des Erfolgskontos »Personalkosten«, wie die des Kontos »Zinserträge«?
20. Wie lassen sich die erfolgswirksamen Ausgaben/erfolgswirksamen Posten für Zwecke der Kostenrechnung gliedern?
21. Wie lassen sich die erfolgswirksamen Einnahmen/erfolgswirksamen Posten für Zwecke der Erweiterten Kameralistik gliedern?
22. Wie trägt die Industriebuchführung den vorher genannten Gliederungen Rechnung?
23. Warum werden neutrale Aufwendungen und neutrale Erträge als solche gekennzeichnet?
24. Was soll in einem Kontenrahmen sichergestellt werden?

25. Wie ist der Kontenrahmen für das Krankenhauswesen aufgebaut?
26. Was versteht man unter Abschreibung, und wie wird sie erfaßt?
27. Nennen Sie die primäre Abschreibungsursache und außerdem sekundäre Ursachen!
28. Wonach richtet sich grundsätzlich die Höhe des Abschreibungssatzes?
29. Wie wird steuerrechtlich die Abschreibung bezeichnet?
30. Nennen Sie Methoden der Abschreibung unter dem Gesichtspunkt »Abschreibungsbetrag«!
31. Welche Abschreibungsarten sind steuerrechtlich (und damit für die Praxis) bedeutsam?
32. Welche Methoden der Abschreibung unterscheidet man unter dem Aspekt »Buchung«?
33. Worin liegt ein wesentlicher Vorteil der indirekten Abschreibung?
34. Wie wirkt sich die Abschreibungsbuchung (Soll- und Habenbuchung) aus?
35. Bei welchen Gütern ist eine Sofortabschreibung die Regel?
36. Was bezweckt die Abschreibung aus der Sicht der Kostenrechnung?
37. Wenn Abschreibungsbeträge kalkuliert werden und die Produkte zum kalkulierten Preis veräußert und bezahlt werden, auf welchen Konten finden die Abschreibungserlöse ihren Niederschlag?
38. Warum ermittelt man den Gebührenbedarf für kostenrechnende Einrichtungen nicht unmittelbar aus der Kameralistik?
39. Welche Gliederung aller Ausgaben und Einnahmen nach dem neuen Haushaltsrecht leistet vorbereitende Dienste für die Kostenrechnung?
40. Welche Bestimmung der GemHVO hat kostenrechnerischen Charakter, und was fordert sie?
41. Nennen Sie zwei unterschiedliche Beispiele der vermögenswirksamen Ausgaben und der vermögenswirksamen Einnahmen, und begründen Sie sie!
42. Was besagt die Gegenüberstellung der neutralen Aufwendungen (Ausgaben) und der neutralen Erträge (Einnahmen)?
43. Welche Posten erfaßt die Wirtschaftsrechnung?
44. Unterscheiden Sie kaufmännische Buchführung und Kameralistik hinsichtlich der Aspekte Zeitraum, wirtschaftliche Orientierung, Buchungsweise!

Kapitel 3

1. Welchem Rechnungswesen sind die Begriffspaare Ausgaben – Einnahmen, Aufwendungen – Erträge, Kosten – Erlöse zuzuordnen?
2. Wie lassen sich die Ausgaben unterteilen? Anhand eines Buchungssatzes soll eine vermögenswirksame Ausgabe erklärt werden!
3. Wie werden die Aufwendungen unterteilt?
4. Welche Kosten stellen im Augenblick ihrer Entstehung Ausgaben dar, welche nicht?
5. Bestimmen Sie den Umfang der Begriffe Einnahmen, Erträge und Erlöse!

6. Definieren Sie den Begriff »Kosten«!
7. Nennen Sie Beispiele für erfolgswirksame Ausgaben und Einnahmen!
8. Gliedern Sie die Erträge!
9. Weisen Sie nach, ob in den Erlösen lediglich die Grundkosten oder auch die kalkulatorischen Kosten enthalten sind!
10. Unterscheiden Sie die Herstellungskosten von Selbstkosten!
11. Worauf können Selbstkosten bezogen sein?

Kapitel 4
1. Umschreiben Sie den Begriff »fixe« Kosten!
2. Was versteht man unter »variablen« Kosten?
3. Was besagt das Gesetz der Massenproduktion über die Entwicklung der Stückkosten? Worauf ist die Entwicklung zurückzuführen?
4. Was versteht man unter Einzelkosten?
5. Wie lassen sich Gemeinkosten definieren?
6. Weshalb ist die Trennung von Einzel- und Gemeinkosten in der Kostenrechnung auf der Basis der kaufmännischen Buchführung bedeutsam und bei kostenrechnenden Einrichtungen dagegen weniger?
7. Warum sind die kalkulatorischen Abschreibungen in kommunalen Betrieben von großer Tragweite?
8. Wie findet über die kalkulatorische Abschreibung eine Umschichtung der Vermögenswerte statt? Wozu können die liquiden Mittel bei vorheriger Eigenfinanzierung verwandt werden, wofür benötigt man sie bei vorausgehender Fremdfinanzierung?
9. Welche Abschreibungsmethode fordert § 6 KAG?
10. Wovon hängt der Abschreibungssatz ab?
11. Von welchen Werten kann in der Kostenrechnung die Abschreibung bemessen werden?
12. Unter welchen Bedingungen kann in der Kostenrechnung a) die Anschaffungswertmethode, b) die Abschreibungsmethode vom Wiederbeschaffungszeitwert empfohlen werden?
13. Wenn schon nach der Methode der Abschreibung vom Wiederbeschaffungszeitwert der Wiederbeschaffungswert nicht erreicht wird, durch welche Effekte läßt sich dennoch eine Annäherung an den Wiederbeschaffungswert erreichen?
14. Wie wird volkswirtschaftlich das Wesen des Zinses erklärt?
15. Aus welcher wirtschaftlichen Überlegung ergibt sich die Notwendigkeit eines Zinsansatzes in der Kostenrechnung?
16. Welche Rechtsvorschriften fordern eine Eigenkapitalverzinsung?
17. Von welchem Ausgangswert werden die Zinsen bei kostenrechnenden Einrichtungen kalkuliert?
18. In welchem Fall wird eine »marktübliche«, in welchem Fall eine »angemessene« Verzinsung kalkuliert?
19. Welche Möglichkeiten der Zinskalkulation sind denkbar?

20. Von welchen Kapitalien dürfen Zinsen nicht kalkuliert werden?
21. Welche Haltung nimmt der Verordnungsgeber (GemHVO) bei der Frage der Bemessung der Zinsen ein? Sollten diese vom Anschaffungswert oder vom Wiederbeschaffungszeitwert ermittelt werden?
22. Was spricht für die Zinskalkulation von der Anschaffungswertmethode, was für die Methode vom Wiederbeschaffungszeitwert?

Kapitel 5
1. Welche Vorstellung verband man ursprünglich mit Gewinn?
2. Wie definieren GO und EigVO den Gewinn?
3. Was bedeutet Gewinn in bilanzieller Sicht?
4. Wie heißen die Elemente des Gewinns, die in der Erwerbswirtschaft kalkuliert werden, und was gelten sie ab?
5. Deuten Sie das Prinzip der limitierten Gewinnerzielung!
6. Welche Gewinnelemente der Erwerbswirtschaft entfallen bei Eigenbetrieben und Eigengesellschaften, welches Gewinnelement muß der Kostenrechner zusätzlich berücksichtigen?
7. Welche synonymen Begriffe für Selbstfinanzierung gibt es, was sagen sie aus?
8. Wie wird der Gewinn bei Eigenbetrieben/Eigengesellschaften verwendet?
9. Wo verbleibt ein sich evtl. ergebender Überschuß der Erlöse über die Kosten bei kostenrechnenden Einrichtungen?

Kapitel 6
1. Wie ist die Kostenrechnung aufgebaut, wenn sie alle drei Stufen umfaßt?
2. Was heißt Kostenartenrechnung, Kostenstellenrechnung, Kostenträgerrechnung?
3. Woher beschafft sich der Kostenrechner die Werte für die Kostenrechnung a) bei Eigenbetrieben und Eigengesellschaften, b) bei kostenrechnenden Einrichtungen?
4. Wie lassen sich Kostenarten systematisieren: a) nach Art der verbrauchten Kostengüter, b) nach wichtigen betrieblichen Funktionen?
5. Wovon ist die Zahl der Kostenpositionen abhängig?
6. Welchen Zwecksetzungen könnte eine Kostenartenrechnung dienen?
7. Welche Kosten können in die Kostenartenrechnung eingehen?
8. Wie wird die Kostenartenrechnung geführt?
9. Was sagt die Kostenartenrechnung i. a. aus?
10. Wie ist der Erkenntniswert der Kostenartenrechnung zu beurteilen?
11. Wie ist die Kostenstellenrechnung gegliedert?
12. Wie untergliedert man in der Regel das Kostenfeld?
13. Wie erklärt man Hauptkostenstellen, Nebenkostenstellen, Hilfskostenstellen?
14. Mit welchem Hilfsmittel werden die Kostenarten auf die Kostenstellen verteilt?

15. Welche Stellenkosten lassen sich exakt den Kostenstellen zuordnen, welche weniger exakt?
16. Welche Forderungen sollte man an einen geeigneten Umlageschlüssel stellen?
17. Stellen Sie die Problematik der Kostenumlage I anhand eines Beispiels dar!
18. Welchem Zweck dient die Umlage II?
19. Warum folgt auf die Umlage I eine Umlage II?
20. Nach welchem Umlageverfahren wird die Umlage II am häufigsten durchgeführt?
21. Womit endet die Umlage II?
22. Was sagt die Kostenstellenrechnung aus?
33. Nennen Sie Rationalisierungsmaßnahmen, die auf Grund von Erkenntnissen der Kostenstellenrechnung getroffen werden könnten!
24. Was wird den einzelnen Kostenstellen in der Erweiterten Kameralistik noch gegenübergestellt?
25. Wie ist der Begriff Kostenträgerrechnung zu deuten?
26. Was versteht man unter Kostenträger-Zeitrechnung, was unter Kostenträger-Einheitsrechnung?
27. Wie läßt sich die Kostenträgerrechnung unter zeitlichem Gesichtspunkt gliedern?
28. Unterscheiden Sie die Kostenträgerrechnung nach Fertigungsarten!
29. Stellen Sie fest, wie bei der Divisionskalkulation die Kosten je Leistungseinheit ermittelt werden!
30. Wo kann im Bereich der öffentlichen Hand die Divisionskalkulation angewendet werden?
31. Was bedeutet Äquivalenzziffernrechnung?
32. Wo findet die Äquivalenzziffernrechnung im Bereich der Privatwirtschaft und der öffentlichen Hand Anwendung?
33. Wo liegt die größte Schwierigkeit bei der Äquivalenzziffernrechnung für den Kalkulator?
34. Welche Daten werden für die Äquivalenzziffernrechnung benötigt?
35. Wie ist das Rechenverfahren bei der Äquivalenzziffern-Kalkulation?
36. Worauf baut ein Betriebsabrechnungsbogen auf?
37. Welche Kosten werden im Betriebsabrechnungsbogen zueinander in Beziehung gesetzt?
38. Welchen Zweck verfolgt man mit einem Betriebsabrechnungsbogen?
39. Welche Werte müssen bekannt sein, damit eine Zuschlagskalkulation durchgeführt werden kann?
40. Beschreiben Sie wesentliche Merkmale des Betriebsabschlußbogens!
41. Vergleichen Sie den Betriebsabrechnungsbogen mit dem Betriebsabschlußbogen!
42. Welche Ergebnisse sollen mit dem Betriebsabschlußbogen ermittelt werden?

43. Welche Kostenstellengliederung folgt im allgemeinen der Wirtschaftsrechnung?
44. Nennen Sie wichtige Rubriken der vertikalen Gliederung des Betriebsabschlußbogens!

Kapitel 7
1. Erklären Sie die Aufgaben der Kostenrechnung auf der Basis der kaufmännischen Buchführung!
2. Was besagt das Ziel der Rentabilität?
3. Wie errechnet man die Rentabilität des Eigenkapitals und die des Gesamtkapitals?
4. Wovon leitet man die Wirtschaftlichkeit begrifflich ab?
5. Wie läßt sich die Wirtschaftlichkeit eines Betriebes ermitteln?
6. Was heißt Produktivität?
7. Warum läßt sich die Produktivität einer Unternehmung nicht exakt messen?
8. Nennen Sie Beispiele für partielle Produktivitäten!
9. Wie läßt sich der Liquiditätsgrad eines Betriebes formelmäßig ausdrücken?
10. Welche Liquiditätsgrade gibt es?
11. Welche Aufgaben soll die Erweiterte Kameralistik erfüllen?
12. Deuten Sie das finanzwirtschaftliche Ergebnis des Betriebsabschlußbogens in zweifacher Hinsicht!
13. Wie ist das Ergebnis der Vermögensrechnung zu beurteilen, wenn die vermögenswirksamen Einnahmen höher liegen als die vermögenswirksamen Ausgaben?
14. Was bedeutet ein positives neutrales Ergebnis?
15. Welche Posten werden in die Wirtschaftsrechnung eingegliedert, denen keine Ausgaben im Augenblick der Kalkulation zugrunde liegen?
16. Welche Vorstellung muß man mit dem Betriebsergebnis verbinden?
17. Wie setzt sich der Gesamterfolg einer Organisationseinheit mit typischem Betriebscharakter zusammen?
18. Wie läßt sich nachweisen, daß Gebühren kostendeckend erhoben wurden?
19. Woraus besteht das eigentliche kostenrechnerische Ergebnis?
20. Wie läßt sich eine Auswertung der Ergebnisse eines Betriebsabschlußbogens aufbauen?
21. Was soll mit der Erweiterten Kameralistik in Organisationseinheiten mit typischem Betriebscharakter letztlich erreicht werden?

8.2 Übungsaufgaben

1. Führen Sie das Aktivkonto Kasse: Kassenbestand 3 526,–, Barausgabe für Verpackungsmaterial 122,–, Einnahmen aus Warenverkauf 939,–, Wareneinkauf bar 1 680,–, Kauf Bürobedarf bar 217,–, Abhebung vom Bankkonto 3 200,–, Barentnahmen für Privatzwecke 1 000,–.
   Aufgabe: Ermitteln Sie den Schlußbestand des Kassenkontos!
2. Folgende Vorgänge sollen auf einem Bankkonto, das das Unternehmen führt, registriert werden: Eröffnungsbestand 940,–, Einzahlung auf das Bankkonto 3 600,–, Überweisung an das Finanzamt 1 112,–, Überweisung des Kunden A 370,–, Überweisung an den Lieferer B 764,–, Barabhebung 400,–, Gutschrift der Bank für Zinsen 40,–.
   Aufgabe: Ermitteln Sie den Schlußbestand des Bankkontos! Erklären Sie darüber hinaus, warum in den Kontoauszügen der Bankbuchführung die Buchungen dieser Posten jeweils auf der anderen Kontoseite durchgeführt werden!
3. Führen Sie das Konto »Lieferer Müller« (Verbindlichkeiten): Eröffnungsbestand 3 000,–, unsere Tilgung 1 200,–, Wareneinkauf auf Kredit 900,–, Rücksendung mangelhafter Ware an Müller 100,–, unsere Banküberweisung an Müller 1 400,–.
   Aufgabe: Ermitteln Sie den Schlußbestand an Verbindlichkeiten!
4. Bilden Sie folgende Buchungssätze:
   (1) Kunden bezahlen durch Postscheckküberweisung   1 000,–
   (2) Wareneinkauf auf Ziel   1 500,–
   (3) Kauf eines Personenkraftwagens mittels Bankschecks   14 000,–
   (4) Verkauf einer Büromaschine bar   1 100,–
   (5) Einzahlung bei der Bank zugunsten unseres Kontos   2 000,–
   (6) Tilgung eines Darlehns durch Postscheckküberweisung   3 000,–
   (7) Wareneinkauf bar   2 500,–
   (8) Aufnahme eines Darlehns, der Gegenwert wird unserem Bankkonto gutgeschrieben   5 000,–
5. Buchen Sie folgenden Geschäftsgang auf T-Konten:
   I. Eröffnungsbestände: Kasse 4 000,– Bank 6 500,–, Waren 11 000,–, Geschäftseinrichtung 7 000,–, Verbindlichkeiten 3 000,–, Eigenkapital?
   II. Geschäftsvorfälle:
   (1) Wareneinkauf auf Ziel   1 600,–
   (2) Zahlung an den Lieferer durch Banküberweisung   2 000,–
   (3) Warenverkauf gegen bar   3 000,–
   (4) Kauf eines Einrichtungsgegenstandes gegen Banküberweisung   1 800,–
   (5) Ein Grundstück wird als Kapitaleinlage in das Unternehmen eingebracht   12 000,–
   III. Schließen Sie die Konten ab und stellen Sie die Schlußbilanz auf!
6. Buchen Sie folgenden Geschäftsgang auf T-Konten:
   I. Eröffnungsbestände: Einrichtung 4 000,–, Kasse 10 000,–, Postscheck 12 000,–, Bankschulden 3 000,–, Eigenkapital?
   II. Geschäftsvorfälle:
   (1) Für eine Geschäftsvermittlung erhalten wir eine Provision auf unser Postscheckkonto überwiesen   1 500,–

(2) Zu zahlende Kreditzinsen werden unserem Bankschuldenkonto belastet 100,–
(3) Wir erhalten Miete bar 500,–
(4) Für ein Inserat überweisen wir von unserem Postscheckkonto an eine Werbeagentur 670,–
(5) Kauf von Büromaterialien (Papier, Klammern) bar 60,–

III. Schließen Sie die Konten ab und fertigen Sie den Jahresabschluß (Gewinn- und Verlustrechnung sowie Schlußbilanz)!

7. Buchen Sie folgenden Geschäftsgang eines Wasserwerks:

I. Eröffnungsbestände: Grundstücke 40 000,–, Gebäude 250 000,–, Maschinen 30 000,–, Leitungsnetz 210 000,–, Zähler 20 000,–, Inventar 7 000,–, Forderungen 1 200,–, Bank 10 000,–, Kasse 4 500,–, Darlehen 170 000,–, Eigenkapital?
Außerdem sollen folgende Erfolgskonten geführt werden: Personalkosten, Kleinwerkzeuge, Zinsaufwendungen, Stromverbrauch, Abschreibungen, Erlöse aus Wasserabgabe, sonstige Erträge.

II. Geschäftsvorfälle:
(1) Kauf von Kleinwerkzeugen bar 500,–
(2) Einkauf von Rohren auf Ziel 4 000,–
(3) Kunden werden Wasserrechnungen zugestellt 40 400,–
(4) Tilgung eines Darlehns durch Banküberweisung 2 000,–
(5) Zinsaufwendungen werden dem Bankkonto belastet 4 100,–
(6) Verkauf alter Zähler bar 400,–
(7) Erlöse aus Wasserrechnungen gehen auf dem Bankkonto ein 40 400,–
(8) Stromkosten bar bezahlt 1 000,–
(9) Bareinnahmen für kleinere Reparaturen an Hausanschlüssen 250,–
(10) Zahlung für Rohre durch Banküberweisung 4 000,–
(11) Lohnzahlung durch Banküberweisung 10 000,–
(12) Abschreibung
auf Gebäude 2 000,–
auf Maschinen 4 000,–
auf das Leitungsnetz 2 000,–
auf Zähler 800,–
auf Geschäftseinrichtung 1 000,–

III. Erstellen Sie den Abschluß (Gewinn- und Verlustrechnung, Bilanz)!
Bestimmen Sie darüber hinaus, ob es sich bei den Buchungssätzen 1–12 um bestandswirksame oder erfolgswirksame Einnahmen/Ausgaben oder um bestands- bzw. erfolgswirksame Posten handelt!

8. Folgende Werte/Umsätze findet man per 30. 6. 19.. auf den Konten des städtischen Tierparks:

	Soll	Haben
Bebaute Grundstücke	383 040,–	
Betriebs- und Verwaltungseinrichtungen	118 685,–	6 685,–
Tierbestand	467 670,–	
Kasse	49 481,16	47 400,50
Bank	94 813,74	65 926,–
Forderungen	18 900,–	18 900,–

Heizmaterial	10 640,–	7 602,–
Futtermaterial	11 690,–	7 210,–
Verbindlichkeiten	16 800,–	40 686,10
Besitzwechsel	9 800,–	9 800,–
Sparkassendarlehen	28 000,–	364 000,–
Eigenkapital		646 968,40
Lohnkosten	36 144,50	
Heizungskosten	7 602,–	
Fütterungskosten	9 058,–	
Reparaturen	1 302,–	
Verwaltungskosten	2 716,–	
Abschreibungen		
Skonto-Ertrag		504,–
ao. Ertrag		3 115,–
Zinsaufwand	1 988,–	
Zinserträge		378,–
Erträge aus Vermietung und Verpachtung		1 400,–
Erlöse aus Eintrittskarten		47 755,40

Abschreibung auf bebaute Grundstücke für das erste Halbjahr 3 360,–, auf Betriebs- und Verwaltungseinrichtung 5 040,–.
Stellen Sie aufgrund der genannten Werte/Umsätze die Bilanz und die Gewinn- und Verlustrechnung per 30. 6. auf!

9. Der Druck eines Verwaltungshandbuches verursachte fixe Kosten von 12 000,– und variable Kosten je Stück von 5,50 DM.
Ermitteln Sie die Gesamtkosten (Kg) und die Stückkosten (kg) bei folgenden alternativen Produktionsmengen:
1 000 Stück, 5 000 Stück, 12 000 Stück.

10. Ein Mittelklassewagen wurde angeschafft: Wert 17 000,– DM.
Folgende fixe Kosten sind mit der Haltung des Kraftfahrzeuges verbunden:
Grundabschreibung 2 600,–, Verzinsung 1 066,–, Kraftfahrzeugsteuer 282,–, Haftpflichtversicherung 700,–, Teilkasko 82,–, Garagenmiete 480,–, Waschen und Pflege 400,–, Nebenausgaben 300,– DM.
An Betriebskosten fallen pro 100 km an:
Kraftstoff 10,04, Öl –,60, Reparaturen 10,80, Wertminderung 4,26, Bereifung 2,– DM.
Berechnen Sie die Gesamtkosten und die Kosten pro km bei folgenden Jahresfahrleistungen:
10 000 km
15 000 km
20 000 km
25 000 km.

11. Eine Maschine im Werte von DM 8 500,– ist 4 Jahre lang degressiv mit 20 % abgeschrieben worden. Wie hoch ist der Buchwert am Ende des vierten Jahres?

12. Der Buchrestwert des Kanalnetzes der Stadt X beträgt 68 000 000,– DM (Nominalwert), der Wiederbeschaffungszeitwert der gleichen Anlage beläuft sich auf 195 000 000,– DM.
Ermitteln Sie
a) den kalkulatorischen Zins von 5 % auf den Buchrestwert!
b) $1^2/_3$ % Abschreibung auf den Wiederbeschaffungszeitwert!

13. Die Neuerrichtung eines städtischen Schlachthofes, für dessen Bauwerke im Jahre 1950 DM 1 Mill. (Baukostenindex 1950 = 54,8 – 1960 = 100) gezahlt worden war und der mit $1^{1}/_{2}$ % jährlich abgeschrieben wird, hätte bei einem Baukostenindex von 256,3 im Jahre 1979 eine Summe von DM 4,677 Mill. (gleiche Bebauung unterstellt) erfordert.
Stellen Sie fest:
a) welche Abschreibungsmethode (hinsichtlich des Abschreibungsbetrages) sich hier anbietet;
b) wann das Vermögen in der Finanzbuchführung völlig abgeschrieben worden sein würde;
c) ob die Abschreibung vom Anschaffungswert die wirkliche (substantielle) Kapitalerhaltung sicherstellt;
d) ob sich in Zeiten von nicht unbeachtlichen Geldwertschwankungen ggf. eine andere Abschreibungsbasis anbietet!

14. Die Jahreskosten einer Entwässerungsanlage setzen sich wie folgt zusammen: Angabe jeweils in 1 000 DM – Personalkosten 558,5; Sachkosten 169,5; Beiträge Wasserverbände 709,0; Reparaturen an Kanälen 82; AfA 1 056; Zinsen 851,5 DM. Die speziellen Einnahmen belaufen sich auf 6,0 DM.
a) Ermitteln Sie die Gesamtkosten nach Abzug der speziellen Einnahmen!
b) Ermitteln Sie den Gebührenbedarf, der von den Einwohnern zu tragen ist, unter Berücksichtigung der Tatsache, daß auf die Entwässerung der städtischen öffentlichen Verkehrsflächen 12,5 % des Gebührenbedarfs entfallen.

15. Eine Anlagekartei für eine Maschine könnte wie folgt gegliedert sein:
A: Allgemeine Daten: Art der Maschine – Baujahr – Anschaffungsjahr – technische Werte – Standort – voraussichtliche Nutzungsdauer – Abschreibungsbeginn – Abschreibungsverfahren – Abschreibungssatz – Abschreibungsbetrag – Bemerkungen.
B. Finanzbuchhalterische Abschreibung (Nominalwertprinzip) Jahr – Buchungstext – Wert p. 1. 1. – Zugang – Abgänge einschl. Abschreibung – Restbuchwert – verbleibende Abschreibungsdauer – Bemerkungen.
C. Kostenrechnerische Abschreibung (Prinzip der Substanzerhaltung) a) Anschaffungswert/Wiederbeschaffungszeitwert, b) tatsächliche Wertzugänge/-abgänge, c) Indexentwicklung, d) fiktiver Wertzugang, e) kalkulatorische Abschreibung, f) fiktiver Restwert, g) Abschreibungsanteil, h) Restwert vom Wiederbeschaffungszeitwert.
Aufgabe: Entwerfen Sie ein Karteiblatt mit den aufgeführten Rubriken für die Teile B und C entsprechend folgenden Angaben:
zu B. Eine Maschine wird zu Beginn eines Jahres angeschafft, Anschaffungswert 5 000,–, betriebsgewöhnliche Nutzungsdauer 5 Jahre, lineare Abschreibung, Abschreibungssatz 20 %. Am Ende des 5. Jahres soll die Maschine mit einem Erinnerungswert von 1,– DM zu Buche stehen.
zu C. Die durchschnittliche Preissteigerungsrate im Jahr soll auf Grund der beobachteten Indices 400,– DM betragen. Ermitteln Sie die kalkulatorischen Abschreibungen vom Wiederbeschaffungszeitwert, die fiktiven Restwerte und die Restwerte vom Wiederbeschaffungszeitwert.

16. Die Kosten der Abwasserbeseitigung in der Gemeinde H belaufen sich auf DM 5,432 Mill. 62,1 % entfallen auf Schmutzwasser, 37,9 % auf Regenwasser.

Ermitteln Sie die DM-Beträge, die auf Schmutzwasser- und Regenwasserbeseitigung entfallen!
Beim Regenwasser ist folgender Kostenverteilungsmaßstab entsprechend den Grundstücksflächen festgelegt worden:
Regenwasser von privaten Grundstücken 65,1 %,
- von Verkehrsflächen im Eigentum der Stadt 27,6 %,
- von sonstigen öffentlichen Verkehrs- und Grünflächen 7,3 %.
Wieviel DM entfallen auf die einzelnen Flächen (auf volle DM gerundet)?

17. Aufgrund einer Kostenartenrechnung wurde festgestellt, daß die Kosten der Müllverbrennung im letzen Jahr 5 676 835,- DM ausmachten, während die Erlöse sich auf 4 728 978,- DM beliefen. Im letzten Jahr wurden 125 867 t Müll verbrannt.
 a) Wie hoch sind die Kosten je t Verbrennungsleistung?
 b) Ermitteln Sie die Kostenüberdeckung bzw. Kostenunterdeckung insgesamt und pro Stück!

18. Wie lassen sich die Zinsen bei der Ermittlung der Kosten eines Lastkraftwagens, für den 150 000,- DM bei der Anschaffung gezahlt wurden, in der Kalkulation für das erste Jahr berücksichtigen?
Unterstellen Sie dabei alternativ, daß der Lkw
 a) ausschließlich mit Eigenkapital,
 b) ausschließlich mit Fremdkapital,
 c) 60 % mit Eigenkapital und 40 % mit Fremdkapital finanziert wurde.
Als Eigenkapitalzins wird z. Z. 6 %, als Fremkapitalzins 7,5 % zugrunde gelegt.

19. Eine Kostenstellenrechnung läßt erkennen, daß in der Hauptkostenstelle »Schweineschlachtung« des städtischen Vieh- und Schlachthofes 312 826 DM Kosten entstanden sind. In dieser Zeit sind 35 622 Tiere geschlachtet worden.
Wie hoch sind die Kosten pro Stück?

20. Die Kosten der Hals-, Nasen-, Ohrenstation der Städtischen Klinik belaufen sich innerhalb eines Zeitabschnitts lt. Betriebsabschlußbogen auf 552 600,- DM. Während dieser Zeit wurden 2 200 Erwachsenenpflegetage und 650 Kinderpflegetage registriert. Durch Kostenanalyse wurde festgestellt, daß Kinder 90 % der Kosten der Erwachsenen erfordern.
Wie hoch sind die Kosten je Pflegetag Erwachsener und Kind pro Tag?

21. Ermitteln Sie die Herstellungskosten einer im Eigenbau gefertigten Maschine:
Materialeinzelkosten   470,- DM
Fertigungseinzelkosten   1 900,- DM
Materialgemeinkostenzuschlagssatz   45 %
Fertigungsgemeinkostenzuschlagssatz 130 %

22. Seit wenigen Jahren betreibt die Gemeinde A eine eigene Müllabfuhr gemäß den gesetzlichen Bestimmungen (AbfG, LAfG).
Diese kostenrechnende Einrichtung verfügt über folgende Ausstattung:
 1. bebaute Grundstücke
    Grundstückswert   25 000,-
    Gebäudewert der vier Fahrzeuggaragen insgesamt 60 000,- DM,
    Nutzungsdauer des Gebäudekomplexes 100 Jahre, z. Z. 4. Nutzungsjahr;
 2. vier Müllfahrzeuge à 100 000,- DM = 400 000,- DM,
    Nutzungsdauer 8 Jahre, z. Z. 4. Nutzungsjahr;

3. 18 000 Müllgefäße à 50,– DM = 900 000,– DM,
Nutzungsdauer 10 Jahre, z. Z. 4. Nutzungsjahr.
Anfang Januar des in Frage kommenden Jahres wird ein weiterer Müllwagen zum Preise von 110 000,– DM angeschafft, gleichzeitig kommen hinzu 1 000 weitere Müllgefäße im Wert von 55 000,– DM.
Der Stellenplan dieser Einrichtung umfaßt folgende Mitarbeiter:
4 Kraftfahrer, 8 Müllader sowie 2 Ersatzkräfte für Urlaubsvertretungen, Erkrankungen usw.
Wenn die Ersatzkräfte nicht in der Müllbeseitigung benötigt werden, sind diese auf dem städtischen Bauhof tätig. Zu Beginn des Jahres bestand aber deren Aufgabe darin, für den neuen Lkw die im Bau befindliche Garage fertigzustellen.
Die Ausgaben hierfür betrugen im laufenden Jahr für die zwei Beschäftigten 10 000,– DM, für Baumaterialien 5 000,– DM.
Die Verwaltung der Müllabfuhr erledigt einerseits das Hochbauamt, andererseits das Steueramt (Gebührenerhebung).
Die Haushaltsüberwachungsliste enthält am Jahresende folgende Posten:

		Haushalts-soll	Anordnungs-soll
720.400	Personalausgaben	360 000,–	350 000,–
	davon		
	1. für Arbeiten auf dem Bauhof		(20 000,–)
	2. für die Errichtung der Garage		(10 000,–)
720.500	Gebäudeunterhaltung	10 000,–	8 000,–
	davon		
	Material für die Errichtung der Garage		(5 000,–)
720.520	Anschaffung von Mülltonnen	56 000,–	55 000,–
720.550	Unterhaltung der Fahrzeuge einschl. Treibstoffkosten	55 000,–	60 000,–
720.650	Kosten der Deponie	125 000,–	120 000,–
720.679	Erstattung von Verwaltungskosten an Hochbau- und Steueramt	30 000,–	28 000,–
720.935	Kauf eines Müllwagens	110 000,–	110 000,–

Aufgaben:
1. Stellen Sie den Gesamtgebührenbedarf fest, nachdem Sie vorher alle bedeutsamen Posten in das beiliegende Formblatt (gekürzter Betriebsabschlußbogen ohne Kostenstellenrechnung) eingetragen haben.
Sollten nach Ihrer Auffassung nicht alle Kosten gem. § 6 KAG in den vorstehenden Positionen enthalten sein, steht es Ihnen frei, entsprechende Positionen wertmäßig zu erfassen und in die Rechnung einzugliedern. Wenn noch Werte gesucht werden müssen, ist der Nachweis erforderlich, wie diese im einzelnen erfaßt wurden. Jedenfalls sind die Summen aller Spalten zu addieren. (Es handelt sich hier um eine Kostenträger*zeit*rechnung.)
2. Wie errechnet man die Gebühren für die Entleerung des Einzelgefäßes pro Jahr und pro Monat? Alle angekauften Mülltonnen sind an die Haushalte verteilt worden, die Stadt ist Eigentümerin der Gefäße (Kostenträger*einheits*rechnung).

8.3 Lösungen

1. Schlußbestand Kasse 4 646,– DM.

2. Schlußbestand Bank 2 674,– DM.
   Aus der Sicht der Unternehmung ist das Bankkonto, das auf Guthabenbasis geführt wird, ein Vermögenswert. Aus der Sicht der Bank stellen die Einlagen der Kunden Schulden dar. Eine Erhöhung des Vermögens des Aktivkontos Bank wird auf der Sollseite registriert; eine Erhöhung des Einlagenbestandes der Kunden der Bank bedeutet eine Zunahme der Verbindlichkeiten der Bank (mithin Habenbuchung in der Bankbuchführung). Bei Rückzahlungen wird in der Unternehmensbuchführung dementsprechend im Haben, in der Bankbuchführung im Soll gebucht.

3. Schlußbestand Verbindlichkeiten 1 200,– DM.

4.
(1)	Postscheck an Forderungen	1 000,– DM
(2)	Waren an Verbindlichkeiten	1 500,– DM
(3)	Fuhrpark an Bank	14 000,– DM
(4)	Kasse an Geschäftseinrichtung	1 100,– DM
(5)	Bank an Kasse	2 000,– DM
(6)	Darlehen an Postscheck	3 000,– DM
(7)	Waren an Kasse	2 500,– DM
(8)	Bank an Darlehen	5 000,– DM

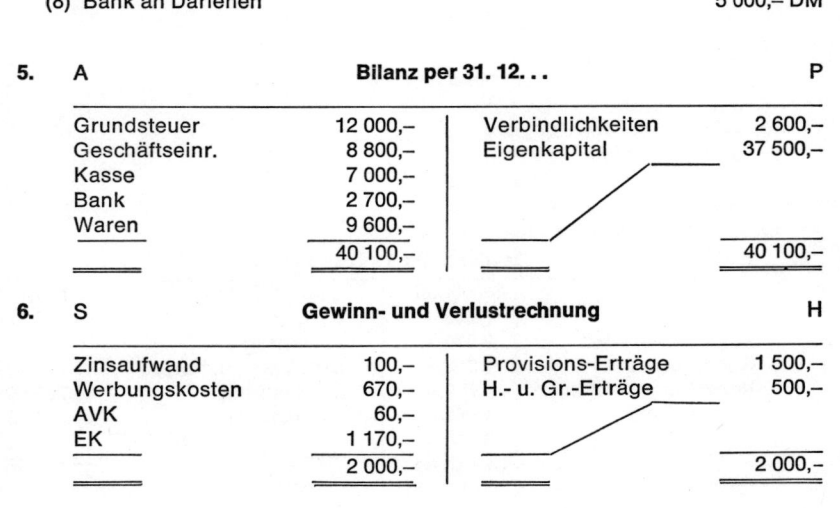

5. A **Bilanz per 31. 12. . .** P

Grundsteuer	12 000,–	Verbindlichkeiten	2 600,–
Geschäftseinr.	8 800,–	Eigenkapital	37 500,–
Kasse	7 000,–		
Bank	2 700,–		
Waren	9 600,–		
	40 100,–		40 100,–

6. S **Gewinn- und Verlustrechnung** H

Zinsaufwand	100,–	Provisions-Erträge	1 500,–
Werbungskosten	670,–	H.- u. Gr.-Erträge	500,–
AVK	60,–		
EK	1 170,–		
	2 000,–		2 000,–

A	Bilanz per 31. 12. . .		P
Geschäftseinr.	4 000,–	Bankschulden	3 100,–
Kasse	10 440,–	Eigenkapital	24 170,–
Postscheck	12 830,–		
	27 270,–		27 270,–

7.

S	Gewinn- und Verlustrechnung		H
Personalkosten	10 000,–	Erl. Wasserabgabe	40 400,–
Kleinwerkzeuge	500,–	Sonstige Erträge	250,–
Zinsaufwand	4 100,–		
Strom	1 000,–		
Abschreibung	9 800,–		
Eigenkapital	15 250,–		
	40 650,–		40 650,–

A	Bilanz per 31. 12. . .		P
Grundstücke	40 000,–	Darlehen	168 000,–
Gebäude	248 000,–	Eigenkapital	417 950,–
Maschinen	26 000,–		
Leitungsnetz	212 000,–		
Zähler	18 800,–		
Geschäftseinrichtung	6 000,–		
Forderungen	1 200,–		
Bank	30 300,–		
Kasse	3 650,–		
	585 950,–		585 950,–

1. erfolgswirksame Ausgabe
2. bestandswirksamer Posten
3. erfolgswirksamer Posten
4. bestandswirksame Ausgabe
5. erfolgswirksame Ausgabe
6. bestandswirksame Einnahme
7. bestandswirksame Einnahme
8. erfolgswirksame Ausgabe
9. erfolgswirksame Einnahme
10. bestandswirksame Ausgabe
11. erfolgswirksame Ausgabe
12. erfolgswirksamer Posten

8.

S	Gewinn- und Verlustrechnung		H
Lohnkosten	36 144,50	Skonto-Ertrag	504,–
Heizungskosten	7 602,–	ao. Ertrag	3 115,–
Fütterungskosten	9 058,–	Zinsertrag	378,–
Reparaturen	1 302,–	Ertr. Verm. u. Verp.	1 400,–
Verwaltungskosten	2 716,–	Erl. Eintrittsk.	47 755,40
Zinsaufwand	1 988,–	Eigenkapital	14 058,10
Abschreibungen	8 400,–		
	67 210,50		67 210,50

Bilanz per 30. 6. . .

Beb. Grundstücke	379 680,–	Verbindlichkeiten	23 886,10
Betr.- u. Verw.-Einr.	109 960,–	Darlehen	336 000,–
Tierbestand	467 670,–	Eigenkapital	632 910,30
Kasse	2 080,66		
Bank	28 887,74		
Heizmaterial	3 038,–		
Futtermaterial	4 480,–		
	992 796,40		992 796,40

9.
	Gesamtkosten (Kg)	Stückkosten (kg)
1 000 St.	17 500 DM	17,50 DM
5 000 St.	39 500 DM	7,90 DM
12 000 St.	78 000 DM	6,50 DM

10.
	Kg	kg
10 000 km	7 600 DM	0,76 DM
15 000 km	8 445 DM	0,563 DM
20 000 km	9 290 DM	0,4645 DM
25 000 km	10 135 DM	0,4054 DM

11. 3 481,60 DM

12. Kalkulatorische Zinsen   3,4 Mill. DM.
    Kalkulatorische Abschreibungen   3,25 Mill. DM.

13. a) Lineare Abschreibung.
    b) Nach 66$^{2}/_{3}$ Jahren, von 1950 an gerechnet.
    c) Die allein steuerlich zulässige Abschreibung vom Anschaffungswert sichert nur die nominelle Kapitalerhaltung, die substantielle Kapitalerhaltung wird nicht annähernd erreicht.
    d) In Zeiten von nicht unbeachtlichen Geldwertschwankungen ist es in der Kostenrechnung empfehlenswert und möglich, vom Wiederbeschaffungs-Zeitwert die kalkulatorische Abschreibung zu bemessen.

14. a) 3 420 500 DM
    b) 2 992 937,50 DM

15.

Jahr	B.-Text	Wert per 1.1. . .	+/—	Restbuchwert	Verbl. Abschr.-dauer	Bemerkungen
1.	Masch.	5 000,–	1 000	4 000	4 J.	–
2.	,,	4 000,–	1 000	3 000	3 J.	–
3.	,,	3 000,–	1 000	2 000	2 J.	–
4.	,,	2 000,–	1 000	1 000	1 J.	–
5.	,,	1 000,–	999	1	– J.	–

Jahr	Ansch. Wieder-besch.-Zeitw.	Tats. Zu-/ Ab-gänge	Index-entw.	Fikt. Wert-zu-gang	Kalk. Ab-schr.	Fiktiver Rest-wert	Ab-schr.-Anteil
1.	5 000	---	8 %	400	1 080	4 320	4/5
2.	5 400	---	7,41 %	400	1 160	3 560	3/5
3.	5 800	---	6,90 %	400	1 240	2 720	2/5
4.	6 200	---	6,45 %	400	1 320	1 800	1/5
5.	6 600	---	6,06 %	400	1 400	800	0/5

Restwert vom Wiederbeschaffungszeitwert
1. 4 320,–
2. 3 480,–
3. 2 480,–
4. 1 360,–
5. —

16. Schmutzwasserbeseitigung   3 373 272,– DM
Regenwasserbeseitigung   2 058 728,– DM
Anteile der Regenwasserbeseitigung
65,1 % = 1 340 232,– DM
27,6 % =   568 209,– DM
 7,3 % =   150 287,– DM

17. a) 45,10 DM
    b) Kostenunterdeckung 947 857,– DM, insgesamt 7,53 DM pro t.

18. a)   9 000,– DM kalkulatorischer Eigenkapitalzins
    b) 11 250,– DM Fremdkapitalzinsen (= Effektivzinsen)
    c)   5 400,– DM kalkulatorischer Eigenkapitalzins
   und 4 500,– DM Fremdkapitalzins

19. 8,78 DM

20.

Leistungen		Äquivalenz-ziffer	Wertgleiche Größen	Kosten pro Pflegetag
Erw.-Pflege	2 200	1	2 200	198,42 DM
Kinder-Pflege	650	0,9	585	178,58 DM
			2 785	

21. Materialkosten   681,50
Fertigungskosten   4 370,–
Herstellungskosten 5 051,50

22. Betriebsabschlußbogen (gekürzt) – ohne Kostenstellenrechnung

Haushalts-Stelle	Ausgaben/Kostenarten	Haushalts soll	Anord-nungssoll	Vermögens-rechnung	neutrale Rechnung	Eingliederung Verrechnungsposten der Wirtschafts-Rechnung	Wirtschafts-rechnung
720.400	Personalausgaben	360 000,–	350 000,–	10 000,–	20 000,–	– –	320 000,–
720.500	Gebäudeunterhaltung	10 000,–	8 000,–	5 000,–	– –	– –	3 000,–
720.520	Anschaffung Mülltonnen	56 000,–	55 000,–	55 000,–	– –	– –	– –
720.550	Unterhaltung Fahrzeuge	55 000,–	60 000,–	– –	– –	– –	60 000,–
720.650	Kosten der Deponie	125 000,–	120 000,–	– –	– –	– –	120 000,–
720.679	Erstattung Verwaltungskosten	30 000,–	28 000,–	– –	– –	– –	28 000,–
720.935	Kauf Müllwagen	110 000,–	110 000,–	110 000,–	– –	– –	– –
	Kalkulatorische Abschreibung (lt. Zusammenstellung)	– –	– –	– –	– –	160 000,–	160 000,–
	Kalkulatorische Zinsen für das Anlagekapital – 5 % (lt. Zusammenstellung)	– –	– –	– –	– –	49 160,–	49 160,–
		746 000,–	731 000,–	180 000,–	20 000,–	209 160,–	740 160,–

Errechnung der kalkulatorischen Abschreibung:
Garagengrundstück   —,—
4 Garagen – 1 % von 60 000,– DM   =   600,–
4 Müllfahrzeuge – 12¹/₂ % v. 400 000,– DM   =   50 000,–
18 000 Müllgefäße – 10 % auf 900 000,– DM   =   90 000,–
neues Müllfahrzeug – 12¹/₂ % auf 110 000,– DM   =   13 750,–
neue Mülltonnen – 10 % auf 55 000,– DM   =   5 500,–
neue Garage – 1 % auf 15 000,– DM   =   150,–
                                                   160 000,– DM

Errechnung der kalkulatorischen Verzinsung des Anlagekapitals per 31. 12...:
Grundstückswert   = DM   25 000,–
Gebäude   60 000 – 2 400   = DM   57 600,–
Müllfahrzeuge   400 000 – 200 000   = DM 200 000,–
Müllgefäße   900 000 – 360 000   = DM 540 000,–
neues Müllfahrzeug   110 000 – 13 750   = DM   96 250,–
Müllgefäße   55 000 – 5 500   = DM   49 500,–
neue Garage   15 000 – 150   = DM   14 850,–
                       5 % Zinsen auf   DM 983 200,–
                     = 49 160,– DM

zu 1.: Der Gebührenbedarf betrug 740 160,– DM.
zu 2.: Die Entleerung des Einzelgefäßes kostete
       740 160 : 19 000 = 38,96 DM jährlich oder
                    3,25 DM monatlich.

8.4 Betriebsabschlußbogen eines Vieh- und Schlachthofes (gekürzt)

	HH-Soll	Anordnungs-soll	Vermögens-rechnung	Neutrale Rechnung	Wirtschafts-rechnung
Persönliche Ausgaben	1 440 000	1 456 331			1 456 331
Sächliche Ausgaben	40 000	42 136			42 136
Unterhaltung unbewegliches Vermögen	80 000	79 890			79 890
Aufwendungen für besondere Zwecke	480	32			32
Unterhaltung bewegliches Vermögen	64 000	45 974			45 974
Betriebskosten	352 000	331 200			331 200
Lagerbestandszugänge	4 800	2 507	2 507		
Futter- und Streukosten	64 000	57 389			57 389
Sachausgaben für Betriebspersonal	17 600	17 482			17 482
Mieten	4 800	4 690			4 690
Vergütung Aushilfstierärzte	41 600	43 867			43 867
Zuführung Erneuerungsrücklage (bew. Verm.)	152 000	150 880	150 880		
Zuführung Erneuerungsrücklage (unb. Verm.)	182 880	177 405	177 405		
Umbauten und Ergänzungsbauten	168 000	167 840	167 840		
Neuanschaffung Einrichtung	192 000	116 253	116 253		
Kalkulatorische Abschreibungen	172 800				172 800
Effektivzinsen	31 520	31 517			31 517
Schuldentilgung	19 490	19 488	19 488		
Betriebsfremde Aufwendungen	1 600	1 096		1 096	
A. Ausgabesumme und kalkulatorische Kosten	3 029 730	2 745 977	634 373	1 096	2 283 308
B. Von den Kosten abzusetzende Nebenerträge	32 000	31 400			./. 31 400
C. Zwischensumme					2 251 908
D. Vermögenswirksame Einnahmen	563 700	503 651	503 651		
E. Neutrale Einnahmen	16 300	10 960		10 960	
C. Zwischensumme	612 000	546 011	503 651	10 960	
F. Stellenkosten					2 251 908
G. Umlage der Hilfskostenstellen, Verwaltungs- und Allgemeine Kostenstellen					
Sozialer Aufwand und Einrichtungen – Anzahl der Beschäftigten –					
Grundstücke und Gebäude – Genutzte Fläche nach qm –					
Strombezug und Verteilung – Anschlußwerte –					
Wasserbezug und Verteilung – Geschätzter Verbrauch –					
Dampfbezug und Verteilung – Geschätzter Verbrauch –					
Kälteerzeugung – Geschätzter Verbrauch –					
Fernsprech- und andere Anlagen – Benutzungsgrad –					
Direktion, Verwaltung, Kasse – Aufwand –					
Trichinenschau – Anteil nach Gebührenaufkommen Schweine –					
Fleischbeschau und Labor – % nach Schlachtungen –					
Werkstatt – nach genutzter Fläche der Hauptkostenstellen qm –					
H. Durch Leistungsentgelte zu deckende Kosten					2 251 908
I. Gebühreneinnahme	2 417 730	2 334 087			2 365 487
J. Gesamteinnahme	3 029 730	2 880 098	503 651	10 960	2 365 487
Kostenüberdeckung					
Kostenunterdeckung					113 579

Viehhof	Schlachthof	Kühl- und Gefrierhaus, Fleisch-Großmarkt	Auslands-fleisch-beschau	Neben-einrichtungen	Hilfskosten-stellen	Verwaltungs-stellen	Allgemeine Kostenstellen	
84 467	141 264	91 749	81 555	45 146	272 334	330 587	409 229	
				2 318	1 559	20 520	17 739	
							79 890	
						32		
4 919	1 241	414		1 747	9 930	46	27 677	
10 930	331	290	74	280	1 375	994	316 926	
57 389								
				4 690			17 482	
					43 867			
34 733	42 854	58 579		13 651	2 938	1 728	18 317	
				31 517				
192 438	185 690	151 032	81 629	99 349	332 003	353 907	887 260	
./. 314		./. 816		./. 17 333		./. 2 449	./. 10 488	
192 124	185 690	150 216	81 629	82 016	332 003	351 458	876 772	
192 124	185 690	150 216	81 629	82 016	332 003	351 458	876 772	
15 259	30 921	22 086	3 413	11 846	31 121	40 558	45 577	200 781
48 473	58 934	68 119		47 709	11 481	2 041	18 369	255 126
655	1 280	923		327	242	234	26 106	29 767
10 003	46 017	4 446	556	47 240	778	445	1 668	111 153
44 204	446	2 821	5 275	21 711	30 052	11 285	6 869	122 663
		249 735						249 735
202	411	614		1 632	1 430	1 847		6 136
64 443	84 429	116 242	19 578	32 629	90 547	±407 868	./. 975 361	+975 361
					(+ 497 654)			
	102 517				./. 102 517			
	223 944				./. 223 944			
47 249	57 350	66 594			./. 171 193			
422 612	791 939	681 796	110 451	245 110				
169 448	1 357 864	606 798	218 714	12 663				
		565 925	108 263					
./. 253 164		./. 74 998		./. 232 447				

113

Ergebnisse des Betriebsabschlußbogens

1. a) Finanzwirtschaftliches Soll-Ergebnis
   HH-Soll: Ausgaben und kalkulatorische Abschreibungen   3 029 730 DM
   HH-Soll: Einnahmen   3 029 730 DM
   Ausgleich   0 DM

1. b) Finanzwirtschaftliches Ist-Ergebnis
   Anordnungssoll: Ausgaben und kalkulatorische
   Abschreibungen   2 745 977 DM
   Anordnungssoll: Einnahmen   2 880 098 DM
   Einnahmen-Überschuß   134 121 DM

2. Vermögenswirksame Ausgaben   634 373 DM
   vermögenswirksame Einnahmen   503 651 DM
   Vermögenszuwachs   130 722 DM

3. Neutraler Ertrag   10 960 DM
   neutraler Aufwand   1 096 DM
   positives neutrales Ergebnis   9 864 DM

4. Eingliederung entfällt, da kalkulatorische Abschreibungen bereits in der Rechnung enthalten sind.

5. Ergebnis Wirtschaftsrechnung
   Erlöse (Gebühreneinnahme)   2 365 487 DM
   Kosten   2 251 908 DM
   Kostenüberdeckung   113 579 DM

6. Gesamterfolg
   Ergebnis Wirtschaftsrechnung   113 579 DM
   neutrales Ergebnis   9 864 DM
   Gesamterfolg   123 443 DM

   In diesem Beispiel wurden nur Effektivzinsen angesetzt und nicht eine kalkulatorische Verzinsung des betriebsnotwendigen Kapitals.

7. Kostenüberdeckungen/Kostenunterdeckungen je Hauptkostenstelle und Nebeneinrichtung.

8. Kostenrechnerische Ergebnisse ermittelt man, indem man die Kosten je Kostenstelle durch die jeweils erbrachten Leistungen dieser Kostenstelle dividiert. Im vorliegenden Falle wurden die einzelnen Kostenstellen des Betriebsabschlußbogens stark zusammengefaßt, so daß nicht immer eine konkrete Stückkostenberechnung hier möglich ist. Soll sie jedoch vorgenommen werden, benötigt man die entsprechenden Produktionsangaben, z. B. Auftrieb Viehhof, Fleischbeschau in Mill. kg.
   Weitere Analysen und Vergleiche (s. 7.4.) können folgen.

Literatur- und Quellennachweis

Clausen, R., Erweiterte Kameralistik / Betriebsabrechnung, Essen, 5. Auflage 1975 und 6. Auflage 1976

Florentz-Feilmeier, Kostenrechnung und Kostenrechnungssysteme, 2. Auflage, München 1975

Fuchs-Zentgraf, Betriebsabrechnung in öffentlichen Einrichtungen, 3., durchgesehene Auflage, Göttingen 1971

Giesen, K., Kostenrechnung in der kommunalen Haushaltswirtschaft, Moers/Alpen, 1975

Kommunale Gemeinschaftsstelle für Verwaltungsvereinfachung: Betriebsabrechnung (Kostenrechnung), Anwendung in der kommunalen Praxis, Köln 1970

Maurus, O., Unterrichtliche Einführung in das Wesen der doppelten Buchführung, Stuttgart 1926

Riedel, G., Kosten – wie erfassen? wie verrechnen?, 4. erweiterte Auflage, Stuttgart 1972

Schmalenbach, E., Kostenrechnung und Preispolitik, 7. erweiterte und verbesserte Auflage, bearbeitet von R. Bauer, Köln u. Opladen 1956

Schreml, A., Einführung in die Kostenrechnung öffentlicher Einrichtungen, München 1970

Eigenbetriebsverordnung (EigVO) v. 22. 12. 1953 (GV NW S. 435, GS NW S. 181)

Gemeindeordnung für das Land Nordrhein-Westfalen (GO) i. d. F. v. 3. 12. 1974 nebst Änderungen, zuletzt geändert am 11. 7. 1978 (GV NW S. 290)

Kommunalabgabengesetz für das Land Nordrhein-Westfalen (KAG) v. 12. 10. 1969 nebst Änderungen, zuletzt geändert am 27. 6. 1978 (GV NW S. 271)

Kommunale Gemeinschaftsstelle für Verwaltungsvereinfachung (KGSt): Rundschreiben Nr. 5/1970

Kostenrechnungsgrundsätze (KRG) v. 16. 1. 1939

Krankenhaus-Buchführungsverordnung (KHBV) v. 10. 4. 1978 (BGBl. I, S. 473; BGBl. III 2126–9–6)

Sparkassengesetz für Nordrhein-Westfalen (SpkG) v. 10. 7. 1970

Register

A
Abschreibung 33 ff., 54
—, kalkulatorische 37, 50
—, lineare 50
Abschreibungserlöse 52
Abschreibungsursache 33
Absetzung für Abnutzung 34
Äquivalenzziffernrechnung 73, 75 ff.
Aktiva 15, 59
Aktivkonto 16 f., 23
Aktiv-Passiv-Mehrung 19
Aktivtausch 19
Allgemeine Kostenstellen 67
Anlagekapital 54
Anlagekartei 86, 102
Anlagevermögen 15
Anpassung der Gebühren 91
Anschaffungswertmethode 51
Arbeitsproduktivität 85
Aufbausystem 7
Aufwand, neutraler 30 f., 37
Aufwendungen 26, 42 f.
Ausgaben 37, 42 f.
—, vermögenswirksame 38

B
Bedarf an Leistungsentgelten 87
Bestandskonten 16
Betriebsabrechnungsbogen 14, 77 f.
Betriebsabschlußbogen 14, 80 f., 88 ff.
Betriebsergebnis 31
Betriebsgebaren 83
Betriebszweck 30
Bilanz 15
Bilanzkonten 16
Buchführung, kaufmännische 8, 41
Buchführungsrichtlinien 9
Buchungssatz 18

D
Divisionskalkulation 73 ff.
Doppik 8
Durchgangskostenstellen 72
Durchsichtigkeit der Haushaltswirtschaft 87

E
Eigenbetriebe 9 f., 50, 60
Eigenbetriebsverordnung 9 f.
Eigengesellschaften 50
Eigenkapital 16, 53
Eigenkapitalverzinsung 53 ff., 60
Eingriffsverwaltung 7
Einnahmen 37, 44
Einrichtungen, kostenrechnende 11, 54, 61
Einzelfertigung 14, 77
Einzelkalkulation 13
Einzelkosten 48, 64
Endkostenstellen 72
Erfolgskonten 26
Ergebnis, erfolgswirtschaftliches 39
—, finanzwirtschaftliches 39, 88
—, kostenrechnerisches 86
—, neutrales 31, 39, 89
Erlöse 9, 39, 44
Ersatzinvestition 36
Erträge 26, 44
—, neutrale 30 f., 37
Erweiterte Kameralistik 8 f., 39, 86
Erwerbswirtschaft 60

F
Fertigungskosten 13
Finanzierung über den Preis 61
Fremdkapital 16, 53

G
Gebührenhaushalte 11, 53
Gemeindeordnung 10
Gemeinkosten 48, 64
Gesamterfolg 89
Gesamtkalkulation 13
Gesamtkosten 83
Gewinn 26, 58
Gewinnelemente 13, 60
Gewinnentstehung 58
Gewinnrestfinanzierung 61
Gewinn- und Verlustrechnung 15, 26, 59
Gewinnverwendung 62
Grundgleichungen 18 f.
Grundkosten 82
Grundsystem 7
Gruppenkalkulation 13

H
Hauptkostenstellen 67
Haushaltswirtschaft 8
Herstellungskosten 12 f., 45, 77
Hilfsbuchführung 69
Hilfskostenstellen 67

I
Informationen 87
Innenfinanzierung 87
Inventar 24
Inventur 24
Investitionen, kalkulatorische 61
Investitionsrechnung 83

J
Jahresabschluß 10
Jahresgewinn 10

K
Kalkulationsarten 12 ff.
Kameralistik 8, 41, 56
Kapital, aufgewandtes 54
–, betriebsnotwendiges 54
Kapitalanlage 15, 26
Kapitalerhaltung, nominelle 51
–, substantielle 51
Kapitalquelle 15, 26
Kennziffern 86
Kommunalabgabengesetz 11

Kontenarten 32
Kontengruppe 32
Kontenklasse 32
Kontenplan 32
Kontenrahmen 32
Kosten 39, 42 f.
–, absolute 65
–, fixe 46, 64
–, kalkulatorische 39, 56, 82
–, relative 65
–, variable 46, 64
– pro Stück 13
Kostenartenrechnung 63 ff.
Kostendeckung 11, 61
Kostenentwicklung 65
Kostenerfassung 82
Kostenfeld 67
Kostenkalkulation 12
Kostenplatz 68
Kostensenkung 90
Kostenstellenbereich 68
Kostenstellengliederung 67
Kostenstellenrechnung 63, 66 ff.
Kostenrechnung i. e. S. 12
Kostenrechnung i. w. S. 12
Kostenträger-Einheitsrechnung 73
Kostenträgerrechnung 63, 73 ff.
Kostenträger-Zeitrechnung 73

L
Leistungsverbesserung 90
Leistungsverrechnung, zwischenbetriebliche 69
Leistungsverwaltung 7
Liquidität 85

M
Materialkosten 12
Monopolstellung 61

N
Nachkalkulation 14, 73
Nebenbuchführung 69, 86
Nebenkostenstellen 67
Nutzungsdauer 33

O
Ordnungsverwaltung 7

Organisationseinheiten mit typischem
   Betriebscharakter 12

P
Passiva 15, 59
Passiv-Aktiv-Minderung 19
Passivkonto 17 f., 23
Passivtausch 19
Planungshilfe 83
Posten, erfolgswirksame 30
—, vermögenswirksame 37
Preiskalkulation 12 f.
Produktivität 85

R
Rationalisierung 86
Rechnung, neutrale 38, 80
Rechnungsweise, kamerale 86
Rechnungswesen 9
Rentabilität des Eigenkapitals 84
— des Gesamtkapitals 84
Risikoprämie 60 f.
Rücklagen 10, 16

S
Schlußbilanz 22
Selbstfinanzierung 61
Selbstkosten 13, 45, 82
Sofortabschreibung geringwertiger
   Wirtschaftsgüter 35
Stellenkosten, direkte 68
—, indirekte 68
Stückkosten 46 f., 83
Stufenumlage 70
Substanzerhaltung 86

T
Teilkostendeckungsprinzip 87

U
Überschußwirtschaft 11

Umlage I 68
Umlage II 70
Umlaufvermögen 15 f.
Unternehmerlohn 60
Unternehmungen der öffentlichen
   Hand 9 f., 60
Unwirtschaftlichkeit 83 f.

V
Verfahrensvergleich 83
Vergleich, innerbetrieblicher 72, 83
—, zwischenbetrieblicher 72, 83
Vermögensbestände 89
Vermögenshaushalt 37
Vermögensrechnung 38, 80, 89
Vermögenswerte 87
Vermögenswirksamkeit 38
Vermögenszuwachs 59
Vertriebsgemeinkosten 13, 77
Verwaltungsgemeinkosten 13, 77
Verwaltungshaushalt 37
Verzinsung, angemessene 53 f.
—, marktübliche 53 f., 61
Vollkostendeckungsprinzip 87
Vorkalkulation 14, 73

W
Wiederbeschaffungswert 51
Wiederbeschaffungszeitwert 51
Wirtschaftlichkeit 84, 87
Wirtschaftlichkeitsrechnung 38 f., 80,
   89

Z
Ziele der betrieblichen Tätigkeit 84
Zinsen, kalkulatorische 37, 53
Zuschlagskalkulation 74, 77 ff.
Zuschußwirtschaft 11
Zweckaufwendungen 30, 36 f.
Zweckerträge 30, 36
Zwischenkalkulation 14, 73

Ergänzende Fachliteratur

Berkenhoff/Wenig
Das Haushaltswesen der Gmeinden
Reihe: Leitfaden für den öffentlichen Dienst, Band 6
von Dr. H. A. Berkenhoff, Hauptgeschäftsführer des Deutschen Städte- und Gemeindebundes a. D., und Siegfried Wenig, Stadtverwaltungsdirektor
7., überarbeitete Auflage, 1978, 172 Seiten, DIN A 5. Mit zahlreichen Tabellen, Brosch., DM 19,80.
Seit Erscheinen der 6. Auflage von 1975 wurden wieder zahlreiche wichtige Vorschriften geändert; Rechtsprechung und Verwaltungspraxis, aber auch die neue Literatur brachten weitere Erkenntnisse. Dies gab Anlaß, den Leitfaden neu zu überarbeiten, der nun mit dem Rechtsstand vom 1. Juli 1978 vorliegt. Die seit Jahren bewährte knappe wie präzise Darstellung, die auf engem Raum eine Fülle von Material souverän behandelt, wurde beibehalten.
Als zweiter Autor ist jetzt Stadtverwaltungsdirektor Siegfried Wenig, Bielefeld, hinzugetreten.

Fuchs
Das staatliche Haushaltsrecht
Reihe: Leitfaden für den öffentlichen Dienst, Band 24
von Prof. Klaus Fuchs, Kehl.
1979, Ca. 136 Seiten DIN A 5. Mit 31 Schaubildern/Übersichten, sowie 7 weiteren Übersichten/Statistiken im Anhang. Brosch., ca. DM 24,80
Didaktisch aufbereitete systematische Darstellung des Haushaltsrechtes anhand der Haushaltsordnungen des Bundes (BHO) und der Länder (LHO) unter besonderer Berücksichtigung der gesamtwirtschaftlichen Betrachtungsweise.

Wette
Das Kassen- und Rechnungswesen der Gemeinden
Reihe: Leitfaden für den öffentlichen Dienst, Band 6a
begründet von Max Leisner, Verwaltungsschul- und Sparkassendirektor i. R., neu von Dozent Günter Wette, Stadtoberverwaltungsrat und Hauptschriftleiter der »Kommunal-Kassen-Zeitschrift«
5., verbesserte Auflage, 1978, 216 Seiten, DIN A 5, Brosch., DM 24,80
Aufgrund der neuesten haushalts- und kassenrechtlichen Vorschriften erläutert dieser auf die gemeindliche Praxis ausgerichtete Leitfaden systematisch Aufbau, Grundsätze und Abwicklung des Rechnungswesens. Dabei wird auf alle Möglichkeiten der Rationalisierung – einschließlich des Einsatzes von ADV/EDV-Anlagen – eingegangen.

MAXIMILIAN-VERLAG · 4900 HERFORD

Leitfäden für die Aus- und Weiterbildung

Dr. K. Althoff/Dipl. Psychologe M. Thielepape, PSYCHOLOGIE IN DER VERWALTUNG, 316 Seiten, DM 29,80

Dr. A. Berkenhoff/S. Wenig, DAS HAUSHALTSWESEN DER GEMEINDEN, 7. Auflage, 172 Seiten, DM 19,80

Prof. Dr. Bosetzky/Fischer/Tiefensee, SOZIOLOGIE – Eine Einführung für Angehörige des öffentl. Dienstes, 2. Auflage, 260 S., DM 24,80

Dr. H. Buß/W. Oetelshoven, ALLGEMEINE STAATSLEHRE UND DEUTSCHES STAATSRECHT, 10. Auflage, 252 Seiten, DM 19,80

P. Dümichen, BAU- UND PLANUNGSRECHT, 216 Seiten, DM 24,80

K. D. Fischer/Dr. I. Prüser, TECHNIKEN DES GEISTIGEN ARBEITENS, 2. Auflage, 80 Seiten, DM 14,80

K. D. Fischer/Dr. I. Prüser, EINFÜHRUNG IN DEN MARXISMUS-LENINISMUS, 80 Seiten, DM 14,80

H. Freudenthal, SOZIALHILFERECHT, 3. Aufl., 192 S., ca. DM 24,80

Prof. K. Fuchs/Prof. Dr. D. Kiefer, ORGANISATION, TECHNIK UND ANWENDUNG DER DATENVERARBEITUNG IN DER ÖFFENTLICHEN VERWALTUNG, 2. Auflage, 144 Seiten, DM 19,80

Prof. K. Fuchs, FINANZ- UND STEUERWESEN, 2. Aufl., ca. 160 Seiten, ca. DM 24,80

Prof. K. Fuchs, STAATL. HAUSHALTSRECHT, ca. 136 S., ca. DM 24,80

Dr. G. Ganschezian-Finck, RECHTSKUNDE FÜR DEN ÖFFENTLICHEN DIENST, 200 Seiten, DM 19,80

H. Grün, BEAMTENRECHT, 2. Auflage, 208 Seiten, DM 19,80

Dr. F. Günzel, BÜRGERLICHES RECHT, 13. Aufl., 176 Seiten, DM 19,80

W. Istel, STÄDTISCHE ÖFFENTLICHKEITSARBEIT, 116 Seiten, DM 16,80

Kreuser/Friedrich, ORGANISATIONS- UND BÜROKUNDE IN DER ÖFFENTLICHEN VERWALTUNG, 6. Auflage, 248 Seiten, DM 24,80

W. Oetelshoven, POLIZEI- UND ORDNUNGSRECHT IN NORDRHEIN-WESTFALEN, 3. Auflage, 164 Seiten, DM 19,80

W. Ottens, GEMEINDERECHT IN SCHLESWIG-HOLSTEIN, ca. 180 S., ca. DM 24,80

E. Ruppert, ARBEITSRECHT, 468 Seiten, DM 39,80

J. Schwabe, KOMMUNALVERFASSUNG IN NORDRHEIN-WESTFALEN, 2. Auflage, 248 Seiten, DM 24,–

Dr. W. Ueberhorst, DIE WIRTSCHAFTLICHE BETÄTIGUNG DER GEMEINDEN, 84 Seiten, DM 16,80

E. Weißhaar, ALLGEMEINES KOMMUNALRECHT IN NIEDERSACHSEN, 248 Seiten, DM 24,80

Dr. A. Wenzel, DER TATBESTAND DES DIENSTVERGEHENS, 2. Auflage, 90 Seiten, DM 16,80

G. Wette, DAS KASSEN- UND RECHNUNGSWESEN DER GEMEINDEN, 5. Auflage, 216 Seiten, DM 24,80

Dr. L. Wilmer, KOSTENRECHNUNG (BETRIEBSABRECHNUNG) IN DER ÖFFENTLICHEN VERWALTUNG, 120 S., ca. DM 16,80

MAXIMILIAN-VERLAG · 4900 HERFORD